엄마
걱정하지 마요,
나는
잘 살고
있으니까

Copyright © ACORN-ON Co., 2025. All rights reserved.

이 책은 ㈜에이콘온이 저작권자 이주원과 정식 계약하여 발행한 책이므로
이 책의 일부나 전체 내용을 무단으로 복사, 복제, 전재하는 것은 저작권법에 저촉됩니다.
저자와의 협의에 의해 인지는 붙이지 않습니다.

유쾌하고 짠내 나는
혼삶러의 리얼 생존기

엄마 걱정하지 마요, 나는 잘 살고 있으니까

이주원 지음

에이콘

한 줄 리뷰

다음은 출간 전에 이 책의 원고를 먼저 읽은 50명의 독자가 보내온 '한 줄 리뷰'입니다. 혼자 살아가는 시간 속에서 위로받고, 공감하며, 함께 웃었던 그들의 진솔한 목소리를 소개합니다.

마치 내게 혼자 살아가는 법을 알려주는 고마운 친구 같다.
— 험실이/36세

세상에서 나만 혼자인 듯 느껴졌던 그때의 나에게, 시간을 거슬러 이 책을 꼭 선물해 주고 싶다.
— 송윤*/31세

홀로서기를 시작한 이에게는 든든한 위로를, 베테랑 자취생에게는 어설픈 초짜 시절을 떠올리게 하는 일기장 같은 책.
— 12년 차 자취생/37세

낯선 시작을 견디는 데 필요한 마음의 지도가 되어줄 것 같아요.
— CSLove/23세

나 혼자 '만' 잘 사는 것이 아니라, 나 혼자 '도' 잘 살아갈 수 있는 방법이 가득하다.
— 완정/29세

'외로움'을 꿋꿋이 통과해 나가는 혼삶러에게 건네는 다정한 문장.
— 소노스/50세

이제 막 사회에 발을 내딛는 당신을 응원하는 책.
— 이민*/18세

혼자라는 것은 나를 알아가고 나와 가장 친해지는 과정임을, 그리고 이 모든 순간이 나만 겪는 일이 아님을 따뜻하게 위로해 주는 책.
— 이유*/35세

'우리 집'을 '본가'라 부르고, '자취방'을 '우리 집'이라 부르는 것이 점차 익숙해진 '혼삶러' 4개월 차. '홀로' 하는 것에 익숙해지는 방법을 이 책에서 찾았다.
— 멍정이/23세

혼자의 시간을 나답게 살아내는 법을 다정하게 꺼내 보여준다.
— 기뮨쌤/43세

혼자 살기 초보자에게는 서바이벌 키트 같고, 경험자에게는 예전 일기장을 보는 듯한 친숙한 이야기가 깊은 공감을 불러일으킨다.
— 유지*/43세

소소한 너스레에 키득거리며 읽다 보면, 작가 혼자만의 이야기가 아니라 우리 모두의 이야기임을 자연스레 깨닫게 된다.
— 박성*/33세

홀로 씩씩하게 걸어간 기록이 혼자 살기 초보자들에게 큰 용기와 위로가 되어준다.
— 수진/35세

혼자에 익숙해져 간다는 고백은 멈춤이 아닌, 오히려 앞으로 나아가는 과정임을 자연스레 깨닫게 된다.

― 민주/30세

혼자 살기의 어려움과 외로움도 결국 시간이 해결해 준다. 열심히 버티고 또 버티자!

― LoverS/42세

혼삶의 '던전' 한가운데서 살아남느라 숨차던 나에게, "너만 그런 거 아니야"라며 다정하게 손을 내밀어준다.

― 민*/36세

외로움을 오래 품어본 이들의 '공감'과 막 홀로서기를 시작하는 이들의 '설마'가 피식~ 웃음 짓게 만드는 책.

― 이지/37세

혼자라는 자유엔 늘 약간의 불안이 따라오지만, 익숙해지면 그 불안조차 삶의 일부처럼 편안해진다. 이 책은 그런 여정 위에 놓인 당신 곁을 다정하게 함께 걷는 친구 같다.

― 동동/39세

혼자인 나의 삶이 사랑스러워지는 이야기.

― 서서*/36세

'혼삶'과 '나를 키우는 법'을 알려주는 아주 고마운 책.

― 이서*/35세

누구보다 조용히 당신 편이 되어줄 이야기를 담았습니다

― 조연*/22세

지금 흔들리는 당신에게 꼭 필요한 말들이 가득 담겨 있습니다.
― 美金賢/23세

혼자였기에 발견할 수 있었던 감정과 장면들, 그 시간을 지나 우리에게 들려주는 이야기가 때로는 눈물겹고, 때로는 매우 유쾌하다.
― 편집자/53세

작가의 시선과 생각에 따스함과 생동감이 묻어난다. 누구나 그런 시기를 지나왔기에, 우리는 혼자인 서로를 더욱 아끼며 살아갈 수 있는지도 모르겠다.
― 아직독립못한책방/45세

아이를 낳고도 가족 안에서 고립감을 느끼던 내게 깊은 공감과 다정한 위로가 되었습니다.
― 정선*/39세

혼자 살지 않아도 '혼자인 것 같다'는 생각을 해본 사람들도 읽어보면 좋을 것 같습니다.
― 1holine/46세

혼자가 되어 음식을 시키는 것조차 망설였던 날들이 떠올라 한참을 울컥했습니다.
― 김편*/54세

22살에 자의 반, 타의 반으로 독립해서 혼자 산 지도 10년이 훌쩍 넘었다. 혼자라는 사실이 쓸쓸할 때도 있지만, 오늘도 룰루랄라 혼삶을 즐기고 있다.
― 신나*/33세

혼자 사는 친구와 편의점 앞 플라스틱 의자에 앉아 아이스크림을 먹으며 수다 떠는 듯한 책. 조심히 들어가라며 서로의 뒷모습을 한참 쳐다봐 주는 다정함이 책 속에 있다.

— 미니/38세

냉장고에 맥주를 채우는 작은 일상에서도 나를 돌보는 기쁨이 있다는 걸 알게 됐습니다.

— 퍼플란/40세

혼자 사는 시간을 삶의 한 부분으로 받아들이게 해준 따뜻한 책이었습니다.

— 예니/30세

자취하는 친구에게 조금 더 다정해야겠다는 생각이 들었습니다.

— 수박/23세

혼삶의 브이로그처럼 술술 읽히며, 공감과 꿀팁이 가득한 책.

— 김성*/29세

혼자 산 시간이 조금이라도 있다면 200% 공감할 책.

— 진아/42세

혼자인 줄 알았지만, 생각보다 그렇지 않다는 위로. 당신도 한번 받아보면 어떨까요?

— 해리/31세

'나만 그런 게 아니었구나' 하는 안도감이 오래도록 남는 따뜻한 이야기였습니다.

— 조수*/36세

나를 돌보는 법을 배워가고 있는 모든 이들에게 좋은 안내서가 되어줄 것이다.

— 비행마녀/47세

진짜 '독립'이 무엇인지, 다시 생각하게 해준 책이었습니다.

— 전지*/35세

세상에 혼자 던져진 기분이 들었을 때, 나를 조용히 안아준 책.

— 김성*/32세

외로운 날엔 친구처럼, 힘든 날엔 멘토처럼 곁을 든든하게 지켜주는 책입니다.

— 이승*/42세

나와 정반대의 삶을 사는 그녀에게서 큰 위안을 받았다.

— 조성*/41세

외로움을 즐거움으로 바꾸고 싶은 혼삶러에게 꼭 필요한 용기를 주는 책입니다.

— 오잉지/32세

쓸쓸했지만 즐거웠던 일들이 이제는 추억이 되어 지금의 내가 살아가는 원동력이 되고 있어요.

— 호롱마미/40세

아직은 완벽하게 익숙하지 않지만, 혼자서도 잘 살아갈 수 있겠다는 용기를 얻었습니다.

— 한상*/47세

가족의 소중함과 부모님의 사랑을 알게 해주는 책입니다.

— 북서재/31세

나를 나답게 만드는 시간. 혼자 있는 당신에게 꼭 필요한 책입니다.

— 끌림/43세

혼삶 30년 차인 내게 다시 용기를 북돋아준 책이었습니다.

— Henry/51세

혼자가 처음이었던 그 시절의 나에게 이 책이 있었다면, 더 용기 있게 나아갈 수 있었을 것 같아요.

— 한진*/36세

혼자 사는 시간이 외롭기보다 때로는 단단해지는 시간이라는 걸 이 책을 통해 배웠다.

— 서재속여행자/48세

혼자가 익숙해진 지금도 여전히 서툰 내게 따뜻한 위로가 되어주었습니다.

— 해수화/50세

차례

프롤로그 014

1부
어른이 되는 중입니다

혼자에 익숙해지는 연습	020
나를 달래는 밤	026
혼자라서 더 아픈 날	030
혼자 사니까 요리 잘하겠네?	036
불효녀 모먼트	041
나도 수박 먹고 싶다	047
엄마와의 쇼핑이 그리운 날	053
내가 누군가와 같이 살 수 있을까?	059
이 도시를 떠나지 못하는 이유	064
우리의 연애는 왜 그토록 힘들었을까?	069
혼삶 체크리스트 — 나는 어떤 타입의 혼삶러일까?	074

2부
혼자는 처음이라

열한 번째 이사	078
혼삶러를 위한 안내서 1 — 집 구하기	084
혼삶러를 위한 안내서 2 — 웰컴 투 던전에 살려면 필요한 스킬	095
혼삶러를 위한 필수 가전	101
혼삶러가 갖춰야 할 세 가지 복	106
빨래를 개다가	112
주말에 뭐 하세요?	117
원 플러스 원은 사양합니다	122
혼삶러에게 필요한 컵은 몇 개?	127
혼삶 체크리스트 — 혼자 살아서 몰랐던 것들	132

3부
당신의 혼삶은 안녕한가요?

보일러가 알려준 소확행	136
이웃집 케니 지	141
만약 내가 아무 연락도 없다면	147
이 도시에 집이 있다는 건	153

아이 엄마도 아니고, 견주도 아니어서 157
나를 위한 도시락 163
잘 살아요, 우리 168
우리가 우리임을 잊지 않기 위해 174
   혼삶 회복력 자가 진단 테스트
   — 당신의 멘탈은 얼마나 회복 탄력성이 있을까? 182

   에필로그 185

프롤로그

혼자라는 말이 낯설던 날들

열일곱. 고등학생이 되었다는 설렘도 잠시, 문제가 생겼다. 집과 학교가 너무 멀었던 것이다. 얼마나 멀었냐면, 시외버스를 타고 두 시간을 달려 터미널에 도착한 뒤, 다시 시내버스로 갈아타고 학교 가는 버스가 서는 정류장까지 가야 했다. 거기서 또 학교행 버스를 타면 대략 세 시간이 걸렸다. 게다가 버스가 많지 않아 운이 나쁘면 택시를 타거나, 1교시는 포기해야 했다. 결국 학교 근처에서 자취를 하기로 했다.

그렇게 해서 내가 태어나기도 전에 지어진 오래된 4층짜리 주공아파트에서 고등학교 생활을 시작했다. 알고 보니 그 아파트 단지에는 나처럼 비슷한 처지의 학생들이 꽤 많았다.

밤 11시에 야간 자율학습을 마치고 현관문을 열면 어둠과 고요가 나를 맞았다.

자취라고 하기에는 애매할 만큼 엄마의 도움을 많이 받았다. 집에 세탁기를 두지 않은 탓에 엄마는 일주일에 두세 번씩 오셔서 깨끗하고 주름 하나 없는 블라우스를 건네주셨다. 청소를 해주시고, 반찬과 간식도 채워 넣으셨다.

3학년이 되자 엄마는 매일 집과 자취방을 오가기 시작했다. 야자(야간 자율 학습)가 끝나기 전에 자취방에 들렀다가, 다음 날 내가 등교하면 다시 버스를 타고 먼 길을 떠나셨다.

어린 시절, 나는 그 헌신이 당연한 줄로만 알았다. 그러나 3년 동안 단 한 번도 지각하지 않고, 늘 깨끗한 교복과 체육복 차림으로 학교에 다닐 수 있었던 것, 그리고 섬을 떠나 육지의 대학생이 될 수 있었던 것은 전적으로 엄마의 희생 덕분임을 이제는 안다.

고등학생 때 혼자 살아 봤으니, 도시에서도 혼자 사는 일이 별반 다르지 않으리라 생각했다. 그러나 그것은 착각이었다.

나는 도시에 불시착한 우연한 여행자에 불과했다. 학교에는 낯선 사람뿐이었고, 신입생들은 어색한 상황에서 자연스럽게 무리를 지었다. 룸메이트는 좀처럼 얼굴을 마주칠 수 없었다.

"이게 정말 혼자라는 거구나."

무섭고 창피했다. 나는 혼자 밥도 제대로 못 먹을 정도로, '독립적'인 사람과는 거리가 멀었다.

책을 읽다 보니 '외로움'이라는 단어가 새삼 다르게 보이기 시작했다. 단어에 담긴 감정의 깊이를 이해한 순간부터 그것은 그림자처럼 나를 따라다녔다. 가끔 그 그림자가 커져 나를 짓누를 때면, 아무도 모르게 울면서 일기를 썼다.

언젠가 동생과 여행을 하면서 '적응'에 대해 이야기한 적이 있다.

"여행지에서 일주일은 있어야 익숙해지는 것 같아."라는 내 말에 동생은 "생존 능력이 매우 낮다"라며 놀렸다. 아니라고 발끈했지만, 사실이었다. 남들 눈에는 그렇지 않았을지라도, 나는 어려서부터 변화에 민감했고 익숙해지는 데 긴 시간이 필요했다.

마음은 몸보다 훨씬 느렸다. 그 느림 때문에 혼자에 적응하는 일이 남들보다 더 힘들었는지도 모른다.

그렇게 타지에서 10년 넘게 혼자의 삶을 살았다. 여러 집과 사건을 거치며 내 모습과 생활 방식도 많이 달라졌다. 이제는 '단단한 어른 같아 보인다'는 말을 듣기도 한다.

어느 날, 그동안 겪은 수많은 시행착오를 글로 남기면 좋겠다는 생각이 문득 들었다.

이제 막 독립을 시작한 이들이 나보다 덜 헤매기를, 내 실패담이 그들에게 위로와 웃음이 되기를 바라며 최대한 솔직하고 담백하게 적었다.

혼자 울며 쓰던 일기의 흔적도 곳곳에 배어 있다. 그래서 때로는 지나친 자기 연민이, 때로는 아직도 어린아이 같은 모습이나 고집센 어른 티가 드러나기도 한다.

아쉬움이 없진 않지만, 그 또한 한 사람의 성장 과정이라고 믿는다. 이 책을 펼친 독자들도 그 과정으로 이해해 주었으면 한다.

혼자에 익숙해지는 법을 배우고 있을 우연한 여행자들에게 이 책이 작은 위로가 되길 바란다.

— 2025년 여름, 이주원

1부

어른이 되는 중입니다

혼자에 익숙해지는 연습

대학에 다니는 동안 2인 1실 기숙사에서 지냈다. 주말이나 방학이 되면, 시끌벅적하던 캠퍼스는 '풀벌레 소리가 이렇게 컸나?' 싶을 정도로 고요해졌다.

친구들과 룸메이트는 수업이 끝나면 곧 기숙사를 떠나 집으로 돌아갔다. 그러나 나는 그럴 수 없었다.

혼자 있으니 시간이 천천히 흘렀다. 가족이나 친구가 옆에 있을 때는 혼자서도 잘 놀았던 것 같은데, 막상 혼자 있는 건 어색하고 낯설었다.

사람들의 시선이 신경 쓰여서 혼자 밥도 못 먹었고(당시에는 지금처럼 '혼밥'이 흔하지 않았다), 영화관은커녕 마트에서 장 보는 것도 힘들었다. 바보 같지만, 그땐 정말로 그랬다.

아르바이트를 마치고 기숙사에 돌아와 컵라면으로 끼니를 때우고, 책을 보거나 노트북으로 영화를 보고, 일기를 쓰고, 창밖 풍경을 보며 하루를 보냈다. 그 시간에 공부나 자기계발을 했더라면 좋았을 텐데, 무엇 하나 손에 잡히지 않았다. 하루하루를 버티는 데 온 힘을 쏟았다.

어느 순간부터 스스로에게 화가 났다. 가고 싶은 곳도 많고, 보고 싶은 것도 많고, 먹고 싶은 것도 많은데, 왜 '혼자'라는 이유만으로 아무것도 하지 못하는 걸까? 라는 생각이 들었다. 이래서는 안 되겠다 싶어서, 우선 혼자 밥부터 먹어보기로 했다.

일요일 오후, 모자를 푹 눌러쓰고 기숙사 식당에 내려갔다. 식판에 음식을 받고 최대한 사람들 눈에 띄지 않도록 기둥 옆에 자리를 잡았다. 주변에서 들리는 말소리가 혼자 밥 먹는 나를 보고 하는 말 같아서 양 볼이 뜨거워졌다. 죄지은 사람처럼 고개를 푹 숙이고 후다닥 밥을 삼켰다.

식사를 마치고 조심스럽게 주위를 둘러보니, 나처럼 혼자 밥을 먹는 사람이 꽤 많았고, 무리 지어 온 사람들은 자기들끼리 웃고 떠드느라 나에게 어떤 관심도 보이지 않았다.

세상은 내가 혼자인 것에 관심이 없었고, 그걸 의식하는 건 오직 나뿐이었다. 그 사실이 나에게 위로이자 돌파구가 되었다.

그때부터 혼자 시간을 보내는 연습을 했다. 함께 밥 먹을 사람이 없다고 해서 무작정 굶거나 컵라면으로 끼니를 때우지 않았다. 기숙사 식당을 이용하거나, 혼자 가기 좋은 식당들을 찾아다녔다. 보고 싶었던 전시회나 영화, 뮤지컬도 혼자서 부지런히 보러 다녔다. '혼자'라는 사실이 더는 장애가 되지 않았다.

오히려 혼자가 좋을 때도 많았다. 식당 줄이 길 때 "한 명이요"라고 하면 바로 자리를 차지할 수 있었고, 영화나 뮤지컬, 전시회를 볼 때도 오롯이 집중할 수 있었다. 무엇보다도 좋은 건 내 마음의 소리에 온전히 귀 기울일 수 있다는 점이었다. 점점 좋아하는 작품과 음식, 음악과 장소가 늘어났고, 나의 색깔이 짙어지기 시작했다. 나는 그렇게 나를 만들어 갔다.

혼자 야구를 보러 간 적도 있다. 처음에는 혼자라는 게 부끄러웠지만, 막상 가보니 생각보다 즐거웠다. 자신이 좋아하는 팀을 응원하는 사람들과 함께 노래에 맞춰 신나게 응원하고, 생맥주도 마셨다. 타자가 홈런을 쳤을 때는 옆자리 중학생과 함께 함성을 지르기도 했다. (안타깝게도, 내가 직관할 때마다 응원하는 팀은 늘 졌다.)

운전을 하게 되면서 나의 행동 반경은 더 넓어졌다. 혼자 여행도 가고, 등산도 하고, 배우고 싶은 게 있으면 직접 찾아갔다. 혼자이기를 두려워했던 겁쟁이가, 혼자 있는 시간을 즐기는 사람이 된 것이다.

대학생이 되면 꼭 해야 하는 게 뭐냐고 묻는 대학 후배의 말에 나는 '혼자에 익숙해지는 연습'을 하라고 했다.

혼자에 익숙해진다는 건 단순히 혼자 시간을 보낸다는 의미가 아니다. 가족이나 친구와 함께하느라 잊고 있던 '나'라는 존재를 확인하는 것이다. 나와 대화를 나누며, 내가 무엇을 좋아하는지, 무엇을 싫어하는지, 무엇을 하고 싶어 하는지, 어떤 사람인지 알아가는 것이다.

  그러자면 그 시간 동안에는 오롯이 나에게 집중해야 한다. 하지만 주의할 점이 있다. 혼자라고 해서 대충 하지 않아야 한다는 것이다. 세상에서 가장 귀한 사람을 대할 때처럼 나를 대해야 한다. 그래서 나는 혼자 시간을 보낼 때 더 잘 차려 입고, 더 맛있는 것을 먹으려고 했다. 나와의 시간보다 더 중요한 건 없으니까.

혼삶러에게 보내는 응원

혼자가 되는 건 쉽지만, 혼자에 익숙해지는 건 쉽지 않다. 이왕이면 멋진 혼자가 되고 싶은 건, 지나친 욕심일까?
혼자인 당신 역시 지금보다 더 단단하고 멋진 사람이 되기를 바라며, 따뜻한 위로와 응원의 박수를 보낸다.

나를 달래는 밤

회사에서 왕창 깨지는 날이 있었다. 내 딴에는 잘해보려고 했는데, 오히려 안 좋은 결과가 나온 것이다. 얼른 털어내려고 친구들에게 메시지를 보냈지만, 마음은 점점 더 무거워졌다. 결국 내 잘못인데, 징징대는 떼쟁이가 된 것만 같아서 곧 채팅창을 닫고 말았다.

퇴근하는데, 그동안 겪은 설움이 하나둘 떠올랐다.

"이참에 확 그만둬 버릴까?"

한숨이 절로 나왔다.

살면서 좋은 일만 있을 수는 없다는 것도, 살다 보면 실수할 수 있다는 것도 다 안다. 그런데 내가 저지른 일 때문이 아니라, 당장 터놓고 얘기할 사람이 없다는 사실이 더 속상하게 만든다. 가족이나 친구와 함께 맥주 한 캔 마시며 오늘 일을 털어놓을 수 있다면, 이 정도 감정쯤은 금세 옅어졌을 텐데, 지금 내 주변에는 그럴 사람이 없다. 직장 때문에 이사하면서 친구들과의 거리가 멀어졌기 때문이다.

집 앞 편의점에 들어가 음료수 한 캔을 집었다. 그것이 오늘 나를 달래주길 바라면서.

이런 날에는 나를 어떻게 대해야 하는지 예전에는 잘 몰랐다.

무거워진 마음에 짓눌려 무너지는 날이 잦았다. 나를 일으켜주는 이가 없다는 핑계로 넘어진 채로 오랜 시간을 보내기도 했다.

이 사람만큼은 날 구원해 줄 것이라고 믿었지만, 결국 날 구원하는 건 나뿐이라는 사실을 몇 번의 시행착오를 통해 배웠다.

나를 어떻게 달래야 하는지 알게 된 건, 혼자 산 지 십 년도 훨씬 지나서였다.

먼저 펑펑 울고, 따뜻한 차를 마시고, 눈물이 쏙 들어갈 만큼

재미있는 영상을 보며 웃다가 푹 자고 일어나면 된다. 매우 간단하지만, 대부분의 상처는 이 처방만으로도 곧 회복된다. 물론 다음 날 눈이 조금 붓는다는 부작용이 있지만.

혼자 살면서 배워야 할 것이 많지만, 그중에서 가장 중요하고도 어려운 건 내 마음을 살펴보고 돌보는 일인 것 같다.

오늘 하루는 어땠는지, 만족스러웠는지, 그렇지 않았다면 무엇 때문이었는지 자신에게 질문을 던지며 마음을 들여다보자.

그 과정에서 나를 치유하는 나만의 방식을 찾을 수 있다. 자기 마음은 자신이 가장 잘 알 테니까.

혼삶러에게 보내는 응원

세상 모두가 내게 등을 돌린 것 같은 날이 있다. 그런 날은 울고, 먹고, 자고, 다시 일어나면 되니 아무 걱정하지 마라.
그래도 여전히 힘들다면?
그럼 며칠만 더 반복해 보라. 분명 훨씬 나아질 테니.
당신은 충분히 잘하고 있다.
오늘 하루도 정말 고생 많았다. 톡톡!

혼자라서 더 아픈 날

요 며칠 목을 많이 썼더니 목이 조금 부었다. 서둘러 가글을 한 후 따뜻한 물을 마시고, 가습기를 틀었다. 혹시 몰라서 감기약과 코로나 자가 진단 키트도 사 왔다.

요즘은 몸 상태가 조금만 이상해도 바로 약을 먹고 쉬거나 병원에 간다. 몇 년 전에 어느 여배우가 한 인터뷰에서 "여자는 아프면 늙는다"는 말을 했는데, 이제 나도 그 말을 실감하고 있다. 하지만 아픈 데 남자, 여자가 어디 있으랴. 성별이 뭐건 간에, 아프면 누구나 늙는다.

아프고 싶지 않다. 아픈 것 자체도 싫지만, 이왕이면 천천히 늙고 싶기에 아프고 싶지 않다.

학생 때는 걸려 봤자 감기였는데, 언제부턴가 쉽게 낫지 않는 질병에 시달리곤 한다.

어느 해 겨울에는 감기가 무척 심해서 병원에 갔다. 의사 선생님이 독감 검사를 권유했지만, 검사비가 아까워서 거절하고 약만 받았다. 애석하게도 약은 효과가 없었고, 결국 보름 가까이 골골대다가 겨우 살아났다.

그때 치료를 제대로 하지 않아서인지, 다음 해에는 부비동염(흔히 '축농증'이라고 불리는 질환으로, 두통·미열과 함께 코 막힘, 콧물과 안면 통증 등의 증상이 나타난다)에 걸려서 거의 한 달 동안 코맹맹이 소리로 말했다. 그다음 해에는 기관지염에 걸려서 한 번 기침하면 멈출 수가 없었다. 코로나바이러스가 없었던 시절이니 다행이지, 지금이었다면 사람들 눈치 보느라 집 밖으로 나갈 수도 없었을 것이다.

결국, 독감 검사 비용을 아끼려다가 CT 촬영, 흉부 엑스레이, 코 세척기 등등을 사며 돈을 더 썼다.

기관지염에 걸린 다음 해에도 역시 감기에 걸렸는데, 처방받은 약에 들어간 항생제 때문인지 한 달 동안 설사가 멎지 않았다. 여러 병원을 전전했지만, 나을 기미가 보이지 않았다.

  마지막으로 한의원에 갔다. 며칠 동안 뜨끈한 침대에 누워 침을 맞고, 물고기 밥처럼 생긴 환을 수십 알 삼키고 나서야 겨우 배탈이 나았다.

  그쯤이면 얼마나 좋을까만, 매년 병원의 범위를 넓혀 가는 것 같다는 생각에 벌써 내년이 걱정된다. 내년엔 또 어느 병원을 가려나 싶기 때문이다.

  보통 혼자 살면서 아플 때가 가장 서럽다던데, 나는 혼자 산 지 오래돼서 그런지, 잔잔하게 아파서 그런지, 서러운 적은 없었다.

  MRI나 간단한 수술도 보호자 없이 혼자 했다(머릿속엔 오로지 실비 처리할 생각뿐). 그런 무심한 내 마음도 쿡— 쑤시는 순간이 있었다.

  약을 먹기 전에 죽 한 그릇이라도 먹으려고 죽 전문점에 들렀을 때의 일이다.

  자리에 앉아 음식이 나오길 기다리고 있는데, 맞은편에 감기에 걸린 아이와 엄마가 보였다. 아기 엄마는 죽 한 숟가락을 떠서 호호 불더니 '아—' 하고 아이의 입에 갖다 댔다. 아이는 아기 새처럼 입을 벌려 죽을 받아먹었다.

참 보기 좋았다. 그런데 그걸 보는 내 마음은 왜 자꾸만 허전해졌을까?

가족 중에 누가 아프면 엄마는 쌀과 물만 들어간 흰죽을 끓였다. 그 죽에 간장과 참기름을 뿌려 비벼 먹었다. 특별한 재료가 들어간 것도 아닌데, 그게 그렇게 맛있을 수가 없었다(아프지 않은 사람도 달라붙어 먹었다). 전복이나 인삼이 들어간 비싼 죽도 그 죽을 이길 수 없다. 그때마다 아빠는 감기 옮기지 말라며 군소리를 늘어놓았지만, 어느 틈에 전기장판을 틀어 놓곤 했다.

새벽녘에, 이마에 손을 대보고 흐트러진 이불을 다시 덮어 주던 엄마 아빠의 손길도 또렷이 기억한다.

그러나 지금 이 도시에서 나를 챙겨 줄 사람은 오로지 나뿐이다. 환자이자 보호자인 셈이다. 그 생각에 눈시울이 시큰해진 나는 무거운 몸을 억지로 일으켜 꾸역꾸역 밥을 먹고, 약을 삼킨다.

아침저녁으로 운동하기, 제철 음식과 영양제 챙겨 먹기, 가공식품과 술은 멀리하기, 몸과 마음 관찰하기, 조금이라도 이상하면 바로 병원에 가기…

모두 내 건강을 위해 차곡차곡 쌓아 온 사소한 습관들이다. 그 덕분인지 최근 몇 년 동안은 감기 한 번 걸리지 않았다.

엄마 아빠는 "벌써부터 유난이다", "우리보다 건강을 더 챙긴다"며 놀리지만, 나는 안다.

내가 아프면 그들의 마음이 더 아플 거라는 걸.

그래서 아파도, 아플 수 없다.

혼삶러에게 보내는 응원

때로는 아픈 것보다 누구에게도 의지할 수 없다는 사실이 마음을 더 무겁게 한다. "아플수록 더욱 성숙해진다"라는 말도 있지 않은가. 그 시간 속에서 우리는 자기 자신을 돌보는 법을 하나씩 배워가게 된다.
하지만 웬만하면 다치지 말고, 아프지도 말고, 오래오래 건강하기로 하자. 건강보다 더 중요한 것은 없으니까.

혼자 사니까 요리 잘하겠네?

 소개팅 자리가 들어왔다. 주선자에게서 연락처를 전해 받은 후, 연락을 주고받았다. 그때는 기숙사를 떠나 원룸에서 혼자 사는 중이었다.

 소개팅 상대에게 혼자 산다는 말은 굳이 하고 싶지 않았다. 말해야 할 이유가 없었기 때문이다. 만약 어디 사냐고 물으면 기숙사에 산다고 말하려 했다. 그런데 어찌 된 일인지, 상대는 내가 혼자 살고 있다는 사실을 이미 알고 있었다. 그러더니 대뜸 이런 메시지를 보내왔다.

 "혼자 사니까 요리 잘하겠네?"

"아뇨, 저는 학교에서 점심, 저녁 두 끼를 사 먹어서 요리할 일이 없어요."라고 답장을 보냈다.

잠시 후 돌아온 메시지엔 이렇게 적혀 있었다.

"에이~ 혼자 살면 요리도 잘하는 줄 알았는데. 맛있는 것 좀 해달라고 하려고 그랬지."

뭐지? 이 신박한 인간은. 예의를 차릴 필요가 없었다면 답장도 안 하고 차단했겠지만, 주선자가 친한 친구였기에 (나한테 화나는 일이 있었나 보다) 일단은 참았다.

만나기 전에 대화를 많이 나눌 생각은 없었는데, 그는 말이 참 많은 사람이었다. 그 후에도 "혼자 사니까 ○○도 할 줄 알겠네?", "혼자 사니까 그럴 줄 알았지", "에이, 실망이네"라며 몇 번이나 더 나의 인내심을 시험했다.

혼자 사는 여자가 이상형인 것 같았다. 나를 잘 알지도 못하면서 선을 넘기 시작했고, 유머랍시고 웃기지도 않는 말을 해댔다. 매장에 온 손님을 흉보기도 했고, 내 사진을 더 보내 달라고 조르다가 먹히지 않자, 사진만으로 봤을 내 외모에 대한 발언을 서슴

지 않았다.

"너 아웃!"

결국, 나는 "좋은 분 만나세요."라는 메시지를 보낸 후, 즉시 그를 차단해 버렸다.

사실 난 요리를 꽤 잘하는 편이다. 그렇지만 그건 나를 위해서 하는 것이지, 이성에게 잘 보이려고 하는 것이 아니다.

내가 혼자 산다니까 만만해 보였나 본데, 그는 혼자 사는 여자들이 꽤 무섭다는 사실을 간과하고 있었다. 맷집이 장난 아니니까.

어쩌면 그럴 의도가 아니었는지도 모른다. 혼자 살아본 적이 없어서, 혼자 살아보고 싶어서, 또는 빨리 친해지고 싶어서 일부러 짓궂게 한 말이었는지도 모른다.

그렇다면 생각 없이 한 그의 말에 내가 너무 예민하게 반응한 건 아니었을까? 아니다. 사람은 원래 생각 없이 말하면 안 된다.

그때는 어리고 순해서(?) 더는 아무 말도 하지 않았지만, 지금이라면 이렇게 말하고 싶다.

주변에 혼자 사는 사람이 있다면 "요리 잘하겠네, 맛있는 거

좀 해줘" 대신 "혼자 사느라 끼니 챙기기 힘들 텐데, 맛있는 거 먹자"라고 말해 달라고.

그런 따뜻한 마음을 가진 사람에게는, 굳이 부탁하지 않아도 요리든 뭐든 기꺼이 해주고 싶어질 테니까.

지금쯤은 그도 이 사실을 알고 있을까?

혼삶러에게 보내는 응원

혼자라는 것은 '연약하다'는 뜻이 아니다. 나를 알아가고 지키는 시간이 쌓이고 쌓여 오히려 더 단단해지는 것이다.
그러니 혼자 산다는 말에 괜히 기대거나 가볍게 여기지 말고, 마음부터 먼저 묻는 사람이 되자. 그래야 진짜로 그 사람과 가까워질 수 있다.

불효녀 모먼트

 엄마에게서 택배가 왔다. 테이프로 꽁꽁 둘러싼 스티로폼 상자를 열어보니, 엄마가 손수 만든 고구마 말랭이와 콜라비가 들어 있었다.

 콜라비가 먹고 싶은데 손질하기 힘들다고 했더니, 일일이 껍질을 벗기고 먹기 좋게 잘라 보내주신 것이다.

 분명 '조금' 보냈다고 한 것 같은데, 엄마의 '조금'과 나의 '조금' 사이에는 항상 큰 격차가 있다. 딸이 잘 먹고 다녔으면 하는 마음에 이것도 '조금', 저것도 '조금' 넣다 보니 '조금'이 아니게 되어버린 것일 게다.

오랜만에 엄마표 간식을 먹으니 어릴 적 기억이 떠오르고, 사 먹는 것보다 훨씬 맛있었다. 하루이틀은 정말 행복했다. 그런데 곧 문제가 생겼다. 아무리 열심히 먹어도 양이 줄어들 기미가 없었다. 버리자니 아깝고, 혼자 먹자니 벅차서 회사에 가져가 보았다. 처음엔 다들 좋아하는 듯했지만, 어느 순간부터 그 자리에 그대로 남아 있곤 했다.

결국 어쩔 수 없이 냉장고의 능력을 믿으며 남은 간식을 모조리 비닐봉지에 담아 냉장고 가장 깊숙한 구석에 밀어 넣었다.

며칠 후, 고구마 말랭이를 먹으려고 비닐봉지를 열었다. 그런데 이런… 이미 봉투 안은 초록색 곰팡이가 점령한 뒤였다.

서둘러 콜라비가 담긴 봉지도 열어보았다. 역시나 콜라비에도 나를 비웃기라도 하듯, 까만 점과 솜털 같은 곰팡이가 잔뜩 피어 있었다.

오 마이 갓! 며칠밖에 지나지 않았는데…

야속하게도 고구마와 콜라비는 나를 기다려주지 않았다. 스티로폼 박스 가득 고구마 말랭이와 콜라비를 담으며 딸을 생각했을 엄마의 얼굴이 떠올랐다.

고구마와 콜라비에게도 미안했다.

"일부러 안 먹은 게 아니야. 나도 나름대로 사정이 있었어! 이번엔 진짜 다 먹을 생각이었단 말이야!"

하지만 어딘가에서 그들의 원망이 들리는 듯하다.

"이번엔? 지난번에도 상해서 버렸잖아? 넌 항상 그런 식이지!"

혼자 사는 사람이 자신이 불효자라고 느끼는 순간은 언제일까?

외박 중이면서도 집에 있다고 거짓말할 때? 보증금이 부족해 부모님께 손 벌릴 때? 가족이 집에 놀러 왔는데 '빨리 혼자 있고 싶다'는 생각이 들 때?

물론 그런 순간들도 불효자의 자격(?)은 충분하다. 하지만 내가 정말 불효자가 되었다고 느낀 건, 엄마가 정성껏 보내준 음식을 버릴 때였다.

곰팡이가 핀 고구마 말랭이와 콜라비를 음식물 쓰레기봉투에 넣으며, 이마에 '불효자'라는 도장이 찍히는 것만 같았다. 양손에 쓰레기봉투를 들고 쓰레기장으로 가면서, 나는 다시 한번 장담

할 수 없는 다짐을 했다.

"다음엔 진짜 다 먹을 거야. 정말로."

며칠 후, 엄마에게서 전화가 왔다.

아무렇지 않게 평소처럼 이런저런 일상 이야기를 나누던 중, 갑자기 엄마가 물었다.

"지난번에 보낸 건 다 먹었냐?"

나는 최대한 자연스러운 목소리로 "응, 다 먹었어"라고 했다.

그러자 엄마는 혀를 끌끌 차며 말했다.

"또 다 버렸구먼."

'어떻게 알았지? 집 안에 CCTV라도 설치했나?'

나는 풀이 잔뜩 죽은 목소리로 "냉장고 성능이 좀 안 좋아서…"라는 변명 아닌 변명을 했다.

그런 딸이 미운 기색 하나 없이, 엄마는 또 보내주겠다고 했다. 나는 명절에 집에 가서 잔뜩 먹겠다며 정중히 거절했고, '조금'이 얼만큼인지 먼저 합의 보자고 덧붙였다.

"엄마, 좀 더 좋은 냉장고가 있는 집으로 이사 가면 그때 많이 보내줘. 딸은 더 이상 불효녀가 되고 싶지 않다고요. 다음엔 진짜 다 먹을게. 진짜로!"

혼삶러에게 보내는 응원

엄마가 보내준 '조금'이 결코 조금이 아닌 이유는 그 안에 '많은 마음'이 담겨 있기 때문이다.

직접 요리를 해보니, 그 정성과 손길이 얼마나 귀한지 이제야 알게 되었다. 그리고 그 많은 음식을 버리고 나서야, 비로소 엄마의 마음을 깨달았다.

"다음에는 엄마의 마음을 이렇게 흘려보내지 말아야겠다."

그렇게 나는 진짜 어른이 되어간다.

나도 수박 먹고 싶다

혼자 살면서 가장 먹기 힘든 과일이 뭐냐고 묻는다면, 나는 망설임 없이 '수박'이라고 할 것이다.

수박은 정말 귀찮은 과일이다. 무거워서 들고 오기도 힘들고, 배송을 시키려 해도 무거운 수박을 집까지 배달해 주실 분 생각에 왠지 미안한 마음이 든다.

반으로 쪼개는 일도 쉽지 않다. 어린 시절 칼을 갖고 놀다가 손가락을 크게 베었던 기억 때문에, 나는 칼을 무서워한다. 그러다 보니 과도가 아닌 식칼로 수박을 자르는 일은 늘 두렵다. 수박을 반으로 자르려다 칼이 미끄러져 손을 베는 장면이 자꾸 떠오르기 때문이다.

또한, 수박은 냉장고에서 차지하는 부피도 크고, 다른 과일에 비해 쓰레기도 많이 나오며, 혼자 먹기엔 양이 너무 많다.

그래서 혼자 사는 동안엔 이런저런 핑계를 대며, 여름이 와도 수박을 사 먹지 않았다. 구내식당에서 한 조각 나올 때나, 누군가 집에서 수박을 예쁘게 잘라 가져왔을 때, 이쑤시개로 몇 조각 집어 먹은 게 전부였다.

그런데 아뿔싸! 너무 안 먹어서인지, 아니면 먹고 싶은 걸 참고 또 참아서인지, 어느 날 갑자기 수박이 몹시 먹고 싶어졌다.

정육면체로 잘려 플라스틱 용기에 차곡차곡 담긴 시원한 수박. 그 달콤하고 아삭한 맛이 머릿속에서 떠나질 않았고, 자꾸만 침을 삼키게 만들었다. 하지만 아직은 먹고 싶은 마음보다 귀찮은 마음이 더 컸기에 마음 한구석에 수박을 살짝 밀어두고, 생과일주스 가게에서 수박 주스를 주문하며 허전한 마음을 달랬다.

수박 주스를 한 모금 삼키니 여러 기억이 떠올랐다.

제주도에서 어린 시절을 보낸 나는 여름이면 가족, 친구들과 함께 수박을 들고 계곡이 아닌 해수욕장을 즐겨 찾곤 했다.

해수욕장을 잘 살펴보면 바위 사이로 얼음장처럼 차가운 용천수가 퐁퐁 솟는 곳이 있는데, 그곳에 음료수와 수박을 담가두고 수영도 하고 조개도 잡으며 신나게 놀았다. 출출해질 즈음이면 모래알 묻은 손으로 꺼낸 시원한 수박을 베어 물었다.

　바닷물이 살짝 섞여서일까, 수박은 달콤하면서도 짭짤했다.

　해가 수평선 가까이 내려앉을 무렵이면, 그날 잡은 조개를 듬뿍 넣은 라면 수제비를 끓여 먹었고, 바닷물에 젖어 끈적해진 머리카락을 대충 묶은 채 차에서 꾸벅꾸벅 졸다 보면 어느새 집에 도착해 있었다.

　고향을 떠나 수박 맛을 조금씩 잊어갈 무렵, 당시 만나던 사람에게서 "가족과 수박 먹고 있어"라는 메시지가 왔다.

　"나도 수박 먹고 싶다"고 하자, 잠시 뒤 "그럼, 너도 먹어"라는 답장이 도착했다.

　그 말이 어찌나 얄밉던지.

　"혼자 사는 사람이 수박을 먹는 게 얼마나 어려운지 알아?

　나는 가족과 함께 수박을 먹어본 게 벌써 7년도 넘었어."

이렇게 말하고 싶었지만, 그의 즐거운 시간을 방해하고 싶지 않았고, 어차피 말해도 이해하지 못할 것 같았다.

지금 돌이켜보면, 수박을 먹고 있다는 말보다 가족과 함께 있다는 말이 더 부러웠는지도 모른다.

혼자 살아서 수박을 못 먹은 것에 심사가 뒤틀렸던 건지, 아니면 단 한 번도 혼자 살아본 적 없는 그가 툭툭 던지던 무심한 말들이 서운했던 건지, 결국 우리는 오래가지 못하고 남이 되었다.

올해도 역시 "냉장고가 작아서"라는 익숙한 핑계로 수박을 사 먹을 시도조차 하지 않았다. 대신 딸기, 사과, 복숭아, 참외 같은 작고 먹기 좋은 과일들로 여름을 채웠다. 그래도 부모님과 함께 사는 동료들이 가끔 가져온 수박 덕분에, 올해는 예년보다 꽤 많이 먹었다.

요즘은 혼자 사는 사람들을 위해 반쪽 수박은 물론, 배보다 조금 큰 미니 수박도 판매하는 걸 봤는데, 내년엔 그런 수박이라도 한번 사 먹어볼까 싶다.

"아, 수박 먹고 싶다."

빨대로 갈린 수박씨가 빨려 올라오는 시럽 섞인 밍밍한 수박 주스가 아닌, 빨간 과육 속에 달콤한 향이 가득 밴, 진짜 수박. 그런 수박이 먹고 싶다.

혼삶러에게 보내는 응원

요즘은 반 통이나 4분의 1로 자른 수박도 판매되고 있다.
언젠가 큰마음 먹고 수박 한 통을 샀다가, 한풀이하듯 반 통을 하루 만에 다 먹어 치운 적도 있다.
수박처럼, 혼자 살면서 포기하거나 멀리하게 된 것들이 또 있을 것이다. 그것이 그리울 때는, 또 어떻게 해야 할까?

엄마와의 쇼핑이 그리운 날

제주 집에 가면 꼭 사진 앨범을 꺼내 든다. 앨범 속에는 내가 태어나서 초등학교에 입학하기 전까지의 사진들이 가지런히 붙어 있다. 사진마다 엄마가 손글씨로 남긴 짧은 글들이 함께 있어, 자연스레 눈길이 더 오래 머문다.

특이한 건, 초등학교 시절 사진이 거의 없다는 점이다. 그 시절에도 분명 사진을 찍고 인화를 했을 텐데, 이상하리만치 몇 장뿐이다. 귀여움을 벗고 못생기기(?) 시작하면서 스스로 카메라 앞에 서길 꺼렸던 게 아닐까 싶다.

어린 시절 꾸미지 못한 서러움이라도 있었던 걸까? 엄마는 나와 여동생을 꾸미는 데 진심이었다. 아니, 온 힘을 다해 우리 둘을 예쁘게 꾸며주었다. 제주에서도 가장 시골 마을에 있는 초등학교를 다녔지만, 엄마는 서울 신촌까지 가서 빨간 미키마우스 책가방을 사 왔다.

앨범 속에는 양 갈래 머리에 빨간 선글라스를 낀 네 살의 나, 하얀 샤 원피스를 입고 친척 결혼식에 간 나와 동생, 체크무늬 투피스에 하얀 꽈배기 스타킹을 신고 손 인사를 하는 나, 유치원 입학 기념으로 받은 빨간 우비를 입고 있는 내 모습이 있다.

'이게 꾸민 건가?' 싶겠지만, 이해해 주길 바란다. 내가 자란 곳은 진짜 '깡시골'이었다. 불빛 나는 운동화를 제일 먼저 신은 것도 나였다.

대학생이 되어 서울로 올라온 나는 하루빨리 시골 티를 벗고 싶었다. 그런데 어떻게 해야 할지 도무지 알 수가 없었다. 그때까지 클리어 페어니스도, 니베아 체리 립밤도 발라본 적 없었고, 입는 옷도 죄다 엄마가 사주는 것뿐이었으니까. 물어볼 만한 언니도, 조언해 줄 선배도 없었다. 그나마 아는 성인 여자는 엄마 하나뿐이었지만, 엄마라고 요즘 애들 스타일을 알 리 없었다.

하는 수 없이 인터넷을 뒤지며 화장과 코디를 배웠다. 촌스러움을 벗고 싶다는 일념으로, 이상한 옷과 안 어울리는 화장품에 없는 돈을 꽤 많이도 썼다.

지금은 어떤 스타일이 나에게 어울리는지도 조금은 알고, 나만의 취향도 생겼다. "옷 잘 입는다"는 말을 듣진 못해도, "왜 그렇게 입었냐"는 말은 듣지 않으니 그걸로 충분하다.

물건을 살 때 며칠이고 고민하는 편이라 주로 온라인 쇼핑을 이용하지만, 기분 전환이 필요할 땐 쇼핑몰에 들르기도 한다.

혼자 매장에 들어가 옷을 고르다 보면, 맞은편에서 엄마와 딸이 함께 쇼핑하는 모습을 마주칠 때가 있다. 서로 이 옷, 저 옷 골라주는 모습이 참 부럽다. 그럴 때마다 문득 엄마가 떠오른다.

엄마도 그동안 나처럼 혼자 쇼핑했겠지? 그때 엄마 마음은 어땠을까.

몇 년 전까지만 해도 엄마를 만나면 짧은 일정 중이라도 꼭 쇼핑을 함께했다. '엄카(엄마 카드)'를 쓰고 싶어서였다고? 물론 그것도 있었지만, 무엇보다 엄마와 함께하는 시간이 좋았다.

그런데 얼마 전, 엄마와 제대로 한 번 싸웠다. 쇼핑몰에만 가면 늘 아빠 옷만 고르는 엄마가 답답해서, "아빠는 그만 좀 챙기고, 엄마 옷차림이나 신경 써"라고 말해버린 것이다.

내 진심은 '타인이 바라지 않는 희생은 이제 그만하고, 자신을 먼저 챙겼으면 좋겠다'는 거였지만, 말이 곱지 못했던 탓에 꽤 불편한 사이가 되고 말았다.

그 얘기를 동생에게 털어놓자, 동생은 딱 한마디 했다.

"그럼, 언니가 엄마 옷 좀 사주든지."

용돈을 드려도 엄마는 또 아빠 옷을 살 것이다. 엄마 옷을 산다고 해도, 내가 보기엔 영 아닌 옷일 가능성이 크다.

이번엔 내가 직접, 엄마를 위한 쇼핑을 해봐야겠다. 아직은 감정이 완전히 풀린 건 아니니까, 무뚝뚝한 메시지와 함께.

"엄마 선물만 보낼게요. 아빠는 엄마가 알아서 잘 챙기실 테니까."

지난달 미용실에 들렀을 때, 거울 너머로 가운을 입고 나란히 앉아 있는 엄마와 딸이 보였다. '내가 엄마와 미용실에 같이 간 적이 있었던가?' 고등학교 졸업 이후로는 없었던 것 같다. 어느덧 십 년도 훨씬 넘은 일이다.

다음에 집에 내려가면, 엄마와 머리라도 같이 하러 가야겠다. 가운을 입고 나란히 앉아 거울을 마주보는 상상을 하니, 벌써부터 웃음이 난다.

"엄마, 이번엔 내가 쏠게."

하지만, 엄마와 함께하는 쇼핑의 진짜 하이라이트는 역시 '엄카' 아닐까?

혼삶러에게 보내는 응원

엄마는 홈쇼핑을 좋아한다. 매번 뭘 그렇게 결제해 달라고 하는지 모르겠다. 그러고는 괜히 샀다고 후회하면서 말이다.

매번 실패하는 엄마를 위해, 퍼스널 컬러와 체형을 고려해 옷 한 벌을 사 드렸다. 어릴 적 엄마가 나를 예쁘게 꾸며 주었으니, 이제는 내가 엄마를 챙길 때가 된 것 같다.

"엄마, 이제부터 내가 엄마를 조금씩 챙겨 줄게."

내가 누군가와 같이 살 수 있을까?

어렸을 땐 빨리 결혼하고 싶었다. 가족과 떨어져 지낸 시간이 길었던 터라, 낯선 이 도시에도 나만의 가족이 있었으면 했다. 컴컴하고 텅 빈 방이 아니라, 나를 기다리는 (또는 내가 기다릴) 누군가가 있는, 사람의 온기가 느껴지는 집에서 살고 싶었다. 함께 밥을 먹고, 공간과 시간을 나누는 사람이 있다면, 낯선 곳에서의 삶도 덜 외롭고 고단하지 않을 것 같았다.

하지만 결혼은 혼자 하는 것도, 좋아하는 마음만으로 되는 일도 아니었다. 그 사실을 깨달았을 무렵, 결혼은 내게 '해도 그만, 안 해도 그만'인 일이 되어 있었다.

"혼자 잘 사는 사람이 둘이서도 잘 산다"는 말이 있다. 혼자서도 충분히 행복해야 타인과도 행복할 수 있다는 뜻이리라.

나는 혼자서도 충분히 행복한 사람이다. 혼자서도 삶을 잘 꾸려 나가고 있다. 그런 자부심을 갖고 살았다.

그런데 어느 날, 평소처럼 설거지를 마치고 돌아서던 찰나, 문득 스치는 생각 하나가 발걸음을 멈추게 했다.

"혹시 나는 타인과 어울려 살지 못하는 사람은 아닐까?"

혼자인 것에 너무 익숙해진 내가, 타인을 이해하고 타협하며 함께 살 수 있을까? 나도 모르게 이기적인 사람이 되어, 오히려 누군가에게 상처를 주는 건 아닐까? 나만의 시간이 꼭 필요한 나를 있는 그대로 이해해 줄 사람이 있을까? 오직 나만을 위해 시간을 짜고 공간을 구성해온 이 삶을, 이제 어떻게 나눠야 하지? 청소는? 빨래는? 설거지는? 요리는? 쓰레기 버리기는?

그런 것들을 어떻게 분담해야 '함께 사는 삶'이 덜 불편할까?

같이 살 사람도 없으면서 김칫국부터 마신 셈이지만, 의외로 그

질문은 오래 머릿속을 맴돌았다.

결혼 대신 반려동물을 키워볼까 생각한 적도 있다. 그러다 유기견 한 마리 덕분에 '현실'을 알게 됐다.

출근길에 우연히 마주친 강아지를 사흘간 임시 보호한 적이 있다.

고작 콩알만 한 강아지 한 마리가 집에 왔을 뿐인데, 걱정은 왜 그렇게 많아지고, 해주고 싶은 건 또 얼마나 많은지. 매일 산책시키고 씻기는 것도 일이었지만, 가장 힘들었던 건 강아지를 혼자 집에 두는 일이었다.

어느 날, 병원에 갈 일이 있어 어쩔 수 없이 강아지를 두고 나왔는데, 진료가 길어져 예상보다 늦게 귀가했더니, 현관문 앞에 강아지가 앉아 나를 기다리고 있었다. 꼬리를 흔드는 하얀 솜뭉치를 꼭 안아주는 것 외엔 미안함을 표현할 방법이 없었다.

며칠이 지나도 주인을 찾지 못해 결국 유기견 보호소에 보냈는데, 보내기 전부터 주인을 찾았다는 연락을 받을 때까지 며칠간 눈물을 쏟았다. 요즘도 그때 찍어 둔 강아지 사진을 보며 이렇게 다짐한다.

'생명을 키우는 일은, 신중하고 또 신중해야 한다.'

 이런저런 고민을 해보지만, 뾰족한 수가 있는 것도 아니기에 지금은 그저 나 자신과 잘 지내는 일에 집중하기로 했다. 그러다 보면 이런 나와도 잘 지낼 수 있는 누군가를 만날 수도 있으리라고 생각하면서.
 못 만나면 또 어떤가. 이대로 혼자 잘 살면 되지. 살다가 심심하면 노인정이나 실버타운에 가서 인싸 할머니로 살아보는 것도 괜찮지 않겠는가.
 혹시 나처럼 이런 딜레마에 빠진 분들이 있다면, 이렇게 말하고 싶다.
 "너무 걱정하지 말아요. 우리 언젠가 실버타운에서 만나 김치 담그고, 고스톱도 치면서 함께 즐겁게 삽시다."

혼삶러에게 보내는 응원

혼자라는 것을 결함으로 여기지 말아야 한다. 그것은 나의 '선택'일 뿐이다. 어쩌면, 누군가와 함께 잘 지내기 위한 준비 기간일 수도 있다.
혼자 살든 같이 살든, '나'로서 오롯이 잘 살고 있다면 그것으로 충분하다.

이 도시를 떠나지 못하는 이유

어느 날, 고등학교 동창이자 대학 동문인 친구를 만났다. 캠퍼스가 달라 자주 보진 못했지만, 타지 생활에서 서로에게 큰 의지가 되었던 친구였다.

친구는 그동안 많이 아팠다고 했다. 처음 듣는 이야기였다. 그러더니 담담하게 말했다. 한 번 쓰러지고 나니 겁이 났고, 보살핌이 필요하다는 걸 실감했다고. 그래서 결국 고향으로 내려가기로 했다고.

친구와 멀어지는 건 슬펐지만, 고개를 끄덕일 수밖에 없었다. 그저 건강하게 지내기를 바랄 수밖에.

지하철 창밖으로 펼쳐진 도시 풍경을 바라보며, 공원에서 웃고 떠드는 사람들 사이를 지나며, 버스 정류장을 바쁘게 오가는 수많은 버스를 보며, 나는 왜 이 도시에 남아 있어야 하는지 나 자신에게 묻고 또 물었다.

스무 살쯤에는 당연히 도시로 가야 한다고 믿었다. 섬에서 자란 이들에게 그것은 곧 '성공'의 다른 말이었으니까. 하지만 지금의 나는, 비좁은 도시를 향해 날마다 날아드는 한 마리의 나방과도 같다. 타올랐던 열정은 이제 흔적만 남고, 지친 마음만 가득하다. 그런 서글픈 생각이 들 때면, 나는 좋아하는 노래를 듣는다.

내가 왜 서울을 사랑하지 않겠어요.
그 모든 아픔을 그 누가 담겠어요.

— 전인권 밴드, 〈내가 왜 서울을〉 중에서

외갓집이 서울이었던 탓에, 나는 어린 시절부터 서울에 자주 왔다.

겨울이면 외할머니는 식혜를 담가 현관문 앞 복도에 항아리를 놓아두었다. 그러면 식혜는 저절로 얼어 슬러시가 되었고, 사각사각 씹히는 그 맛이 좋았던 나는 매일 아침 맨발에 내복 차림으로 컵을 들고 식혜를 떴다.

더운 여름밤에는 옥상 평상에 모기장을 치고 자곤 했다. 까치발을 들고 옥상 난간 너머를 바라보면, 주황색 가로등과 높은 빌딩들이 드높이 서 있었고, 어느 방향에서나 빨간 교회 십자가가 반짝반짝 빛났다. 그 고요함 속에서 외할머니와 엄마, 여동생과 함께 과일을 먹으며 도란도란 이야기를 나누다 잠들곤 했다.

겨울에 현관문을 열면, 뿌연 하늘과 함께 약간 매캐한 냄새가 밀려 들어왔다. 나는 그 냄새를 '서울 냄새'라고 불렀다. 제주에서는 맡아본 적 없는, 도시의 냄새였기 때문이다.

그 냄새가 좋아서, 서울에만 오면 킁킁거리며 다녔다. 그게 정말 서울 특유의 겨울 냄새였는지, 아니면 매연과 미세먼지가 뒤섞인 냄새였는지는 지금도 잘 모르겠다. 하지만 지금도 거리에서 그 냄새를 문득 맡게 되면, 잠시 걸음을 멈추고 조심스럽게 숨을 들이마신다. 물론 아주 가끔. 미세먼지는 정말 싫으니까.

그런 기억의 조각들을 떠올리다 보면, 쌀쌀맞기만 했던 이 도시가 문득 사랑스럽게 느껴질 때가 있다. 그리고 결국, 늘 같은 결론에 닿는다.

내가 이 도시를 떠나지 못하는 이유는— 아마도, 이 도시를 너무나도 사랑하고 있기 때문이라고.

이 도시가 추억이자 삶이 되어버렸는데, 어떻게 사랑하지 않을 수 있겠는가. 더욱이 이제 나의 두 번째 고향인 것을.

혼삶러에게 보내는 응원

이곳저곳을 떠돌며 살아온 덕분에, 제2의 고향이라 부를 수 있는 곳이 많아졌다. 잠시 머물렀을 뿐인데도, 그곳의 기억은 마음 한 켠에 남아 낯선 사람과도 금세 말문을 트게 해준다.
그때는 외롭고 낯설기만 했던 도시들조차 이제는 그립고 따뜻한 기억이 되었다.

우리의 연애는 왜 그토록 힘들었을까?

대학 선배 J 언니는 벚꽃이 예쁜 남쪽 도시가 고향이다. 언니나 나나 집에서 멀리 떨어져 살았기에, 서로의 처지를 누구보다 잘 이해했다. 그래서 대학 시절 내내 우리는 동네 친구이자 술친구, 그리고 같은 성당에 다니는 신도였다. (이상하게도 미사를 보고 나면 꼭 술이 당겨서, 맥주 한 잔 마시고 돌아오곤 했다.)

언니는 대학을 졸업한 뒤 다른 지역으로 이사해 지금은 동생과 함께 살고 있다. 대학에서 함께 보낸 시간보다 졸업 후 떨어져 지낸 시간이 훨씬 길지만, 언니는 "네 생각이 났다"라며 간간이 안부를 묻고, 바쁜 와중에도 나를 위해 시간을 내준다. 그래서인지 오랜만에 만나도 전혀 어색하지 않다.

언니는, 언니가 없는 내게 꼭 친언니 같은 사람이다.

언젠가 서울 어딘가에서 만나, 그리운 과거와 막막한 미래를 웃음으로 칠하다가 잠깐의 공백이 찾아왔을 때, 언니가 한숨 쉬며 말했다.

"우리가 자취 안 하고 가족이랑 살았으면 말이야, 이상한 놈들 좀 덜 만나지 않았을까?"

과연, 그랬을까?

왜 우리의 연애는 그토록 힘들었을까? 우리가 너무 착해서(혹은 어정쩡하게 착한 척을 해서), 아직 '제대로 된 인연'을 만나지 못해서(이만큼 만나봤으면 한 명쯤은 인연이었을 법도 한데), 아니면 정말 우리 팔자가 조금 드셌던 걸까?

한참 뒤, 다른 이들과 대화를 나누다 고향 이야기가 나왔다.

내가 "대학에 다닐 때 신분증에 적힌 주소와 기숙사 주소가 달라서, 어디 사람이라고 말하기가 참 애매했다"라고 하자, 몇몇이 고개를 끄덕였다. 그 순간, 누군가가 "그냥 대한민국 국민이라고 하면 되겠네요"라고 하자 모두 웃음을 터뜨렸다. 함께 웃으면서 나는, 나의 이십 대와 그때의 연애가 왜 그토록 쉽지 않았는지를 그제야 조금은 알 것 같았다.

대학에 입학한 후 거의 10년을 같은 동네에서 살았다. 눈 감고도 지도를 그릴 수 있을 만큼 익숙했지만, 그곳 사람이라고 말할 수는 없었다. 전입신고를 하지 않았기 때문이다.

취직하고 나서는 1~2년마다 지역을 옮겨 다녔다. 마트 계산대에서 "적립하시겠어요?"라는 질문에 머뭇거리다 "괜찮아요"라고 대답하곤 했다. 또 언제 그곳을 떠날지 모르니까.

그 사이 고향도 많이 변했고, 나는 그곳에서도 이방인이 되고 말았다. 뿌리를 내리지 못하니, 자연스럽게 누군가에게 기대고 싶은 마음이 자랐다. 그 마음은 어쩌면, 상대에게는 짐처럼 느껴졌을지도 모른다. 혼자 서 있기조차 벅찬 세상이니까.

만일 내가 조금 더 단단하게 서 있었다면, 내 이십 대는 조금 덜 힘들었을까?

이제 언니는 좋은 사람을 만나 긴 연애를 이어가고 있다.

나는 전입신고를 하고 나서야, 비로소 '이곳 사람'이라고 말할 수 있게 되었다. 그리고 전보다 마음이 훨씬 단단해졌음을 느낀다.

앞으로 또 흔들리고, 휩쓸리고, 꺾이는 날이 찾아온다 해도, 나는 다시 뿌리 내리고 하늘을 향해 뻗어 올라갈 수 있으리라 믿는다. 그리고 언젠가는, 누군가가 나에게 기대어 쉴 수 있는 커다란 나무 같은 사람이 되어보려 한다.

혼삶러에게 보내는 응원

내 마음조차 알기 어려운데, 타인의 마음은 오죽하겠는가?
혼자 서는 법을 배운 뒤에는 상대의 든든한 버팀목이 될 수 있을 것 같다가도, 예상치 못한 순간에 꽈당 하고 넘어지기도 한다.
연애란, 참 어려운 것이다.

'혼삶러(혼자 사는 사람)' 체크리스트

나는 어떤 타입의 '혼삶러'일까?
아래 문항에 '예' 또는 '아니오'에 체크해 보자.

1. 혼자 있어도 외롭지 않고 충전되는 느낌이다. 예☐ 아니오☐

2. 계절별로 침구 세트를 갖추고 있다. 예☐ 아니오☐

3. 음식 배달보다 직접 해 먹는 걸 선호한다. 예☐ 아니오☐

4. 집에 올 손님이 없어도 정기적으로 청소한다. 예☐ 아니오☐

5. 혼자 먹는 밥이라도 상차림에 신경 쓴다. 예☐ 아니오☐

6. 약속이 취소돼 혼자 주말을 보내도 전혀 불안하지 않다. 예☐ 아니오☐

7. 전구나 수도꼭지 등을 스스로 교체해 본 적이 있다. 예☐ 아니오☐

8. 혼잣말이나 자기 자신과의 대화가 자연스럽다. 예☐ 아니오☐

9. 가끔 너무 조용해서 냉장고 돌아가는 소리가 크게 들린다. 예☐ 아니오☐

10. 나를 돌보는 작은 습관(산책, 일기, 차 마시기 등)이 있다. 예☐ 아니오☐

결과 보기

0~2개: 초보 혼삶러
이제 막 혼삶을 시작했거나 고민 중인 단계.
천천히 나만의 루틴을 만들어보세요.

3~5개: 혼삶 입문자
혼자서 잘 먹고 잘 사는 법을 익히는 중이군요!
생활에는 익숙해졌으니, 나에게 좀 더 집중하는 것도 좋아요.

6~8개: 혼삶 마스터
혼자 있는 법을 잘 아는 당신! 이런 삶도 꽤 괜찮지 않나요?

9~10개: 찐 혼삶러
혼삶계의 네안데르탈인. 외로움도 적막도 이겨낸, 혼삶 진화의 최종 단계.

2부

혼자는 처음이라

열한 번째 이사

취직이 됐다. 기쁜 것도 잠시, 사는 곳과 직장이 멀어서 새집을 얼른 구해야 했다. 문제는 일주일 뒤면 출근인데 이사철이 지나 남은 집이 거의 없다는 것이었다.

출근하기 적당한 지역을 추려 세 군데를 골랐다.

A 지역은 밤에 가봤더니 골목에서 칼을 맞아도 이상하지 않을 정도로 으스스했다. 그래서 탈락!

B 지역은 대형마트와 시장이 가깝고 유동 인구도 많아 살기 괜찮아 보였다. 그러나 공인중개사가 보여준 집은 턱없이 좁았고, 4층임에도 엘리베이터가 없었다.

C 지역은 인구가 적고 동네 분위기도 을씨년스러웠지만, 역 바로 앞에 오피스텔이 있어서 밤늦게 퇴근해도 비교적 안전해 보였다. 그러나 월세가 높아서 저축은 포기해야 할 것 같았다.

두 지역의 집을 보고 한두 시간 고민하다가, B 지역에서 만난 공인중개사에게 연락했다. 그러나 돌아온 대답은 다른 사람과 계약했다는 말이었다. 전에 살던 지역에서는 하루 정도 고민할 여유가 있었는데, 몇 시간도 되지 않아 집이 사라지다니. 길 가다 모르는 사람에게 뺨이라도 맞은 것처럼 얼얼했다.

어쩔 수 없이 C 지역의 집을 계약하려고 공인중개사에게 전화했다. 그런데 약속이라도 한 듯, 그 집도 그사이에 나가고 말았단다. 꽤 오랫동안 세입자를 찾지 못한 집이라며 중개사도 결정을 재촉하지 않았는데, 충격이었다.

당장 일주일 뒤면 출근인데, 집이 없었다. 같이 집을 봐줄 사람도 없고, 내 주머니 사정에 맞는 집도 남아 있을 것 같지 않았다.

막막함에 눈물이 터졌다.

아침에 눈을 뜨자마자 세수도 안 한 채 노트북부터 켰다. 부동

산 사이트에 들어가, 전에는 내가 원하는 조건이 아니라 배제했던 지역도 다시 살펴봤다.

D 지역이 눈에 띄었다. 이제껏 서울을 그렇게 돌아다녔지만, 난생처음 듣는 곳이었다.

이제는 보증금을 높이고 월세를 깎는 것보다, 인테리어가 마음에 드느냐 아니냐를 따지는 것보다, 일단 집을 구하는 게 우선이었다.

매물을 보자마자 부동산에 전화해서 집을 보러 가고 싶다고 했다. 서둘러 준비를 마치고 집 밖으로 나섰더니, 삼월 중순인데도 눈이 휘날리고 있었다.

생각보다 괜찮은 동네였다. 병원과 약국을 비롯한 편의 시설도 잘 갖춰져 있었고, 유흥가가 아닌 주택가여서 조용하고 안전해 보였다. 문제는, 인터넷으로 본 집이 '잠만 자야 할 정도'로 좁았다는 것. 짐이 꽤 있어서 여기서 살기는 힘들겠다고 하자, 중개인은 집 하나를 더 보여주었다.

조금 전에 본 집보다는 넓었지만, 역시나 좁았다. 충격적이었던 건, 집 안을 가득 메운 연두색의 향연이었다. 연두색 포인트

벽지에, 연두색 책상, 연두색 타일까지— 도무지 마음 붙이고 살고 싶은 공간이 아니었다. 하지만 지금의 나는 찬밥 더운밥 가릴 처지가 아니었다. (나중에 알고 보니, 이 건물의 집들은 연두색 아니면 빨간색 콘셉트로 꾸며져 있었다. 가족과 친구들은 "빨간색이 아닌 게 어디냐?"라며 날 위로했다.)

마음에 드는 구석 하나 없었지만, 그래도 계약하겠다고 했다.

계약서에 서명하고, 가계약금을 내고, 부동산 문을 나섰을 때는 여전히 눈이 내리고 있었다. 다리가 후들거릴 만큼 마음이 무거웠다.

이삿날, 집을 처음 본 엄마는 한숨을 푹 쉬었다.

"서울 집은 다 좁더라고."

괜찮은 척 말했지만, 나 역시 마음이 복잡했다.

이삿짐을 욱여넣고 나자, 엄마는 기분이 나아졌는지 이렇게 말했다.

"집 안이 연두색이라 눈은 피로하지 않겠네!"

그 집에서 10개월을 살았다.

집들이하려고 친구들을 불렀다가 앉을 곳이 없어, 집 구경만 하고 밖에서 밥을 먹었다.

몇 번이나 새벽에 화재경보기가 울려 13층을 계단으로 오르내리기도 했고, 한겨울에 보일러가 작동하지 않아 제대로 씻지도 못한 채 출근한 적도 있다.

그래도 닭강정이 맛있는 가게가 있어서 주말은 즐거웠다. 또, 그 작은 집에서도 곧 '아늑함'이라는 장점을 찾았다. 창문을 통해 어렴풋이 들려오는 지하철 소리도 좋았다.

그런데도 이상하게, 집과 동네에 정이 들지 않았다. 울며 겨자 먹기로 선택한 곳이어서였을까?

그러던 중 더 나은 환경의 동네와 청년들을 위한 주거 혜택을 알게 되었다. 옮기지 않을 이유가 없었다.

떠나자, 새로운 곳으로.

스무 살 이후 이사를 몇 번쯤 했나 세어보니, 이번이 열한 번째였다.

혼삶러에게 보내는 응원

이사. 이 많은 짐을 언제 다 포장하고 옮기나, 생각만 해도 머리가 아프다.

열한 번째 이사는 작은 트럭 한 대로도 충분했지만, 그 이후로는 짐이 점점 늘어나 1.4톤 트럭을 꽉 채우고도 내 차에 짐을 실어야 했다.

이제는 남의 집이 아닌, 내 집에서 이사하지 않고 오래오래 살고 싶다.

혼삶러를 위한 안내서 1
— 집 구하기

나는 집만큼이나 주변 환경을 매우 중요하게 생각한다. 집 안에서만 머무는 게 아니기 때문이다. 그래서 집을 구할 때는 먼저 그 지역에 사는 지인들에게 의견을 듣고, 살기 적당한 몇몇 지역을 추린다.

지인이 없다면 맘카페의 후기를 참고하기도 한다. 그다음엔 부동산 사이트에서 매물을 검색하고, 로드맵으로 집 근처의 환경을 확인한다. 편의점은 가까운지, 주변에 유흥업소는 없는지, 지하철역이나 버스 정류장에서 집까지 가는 길이 위험하지는 않은지 등등….

그렇게 해서 주변 환경도 괜찮고 집 안 구조도 마음에 든 매물이 있으면, 공인중개사에게 바로 연락한다.

나는 중개사와 만나기로 한 시간보다 대개 한 시간쯤 일찍 약속 장소에 도착하는 편이다. 동네 분위기를 직접 살펴보기 위해서다. 그렇게 동네를 한 바퀴 돌며 유동 인구, 상권, 거주자의 나이대 등을 관찰한다.

내 경험상, 거주자의 평균 연령은 동네 분위기에 큰 영향을 준다. 나이가 지긋한 분들이 많은 동네는 조용하고 안정적이지만, 젊은 층이 선호할 만한 시설은 부족한 경우가 많다. 반면, 번화가는 식당·카페·드럭스토어 등 편의 시설이 풍부하지만, 밤거리에는 술 냄새와 토사물까지 감수해야 할 수도 있다. 그러니 집을 구할 때는 집 안 상태만 보지 말고, 주변 환경도 꼼꼼히 확인하자.

집 주변 체크리스트
지하철역 및 버스 정류장까지의 거리

지하철역이 바로 앞에 있다면 더없이 좋겠지만, 그렇지 않은 경우에는 대체 교통수단을 꼼꼼히 살펴봐야 한다.

버스 정류장이 가까운지, 그리고 집에서 가장 가까운 지하철역까지 연결되는 버스 노선이 충분한지도 미리 확인해 두자.

출퇴근 시간대 배차 간격이나 소요 시간도 함께 살펴보면, 이사 후 예상치 못한 불편을 줄일 수 있다.

편의점, 마트, 시장

꼭 뭔가를 사지 않더라도, 늦은 귀갓길에 불 켜진 편의점 하나만 있어도 마음이 놓인다.

시장이나 대형마트도 근처에 있으면 급할 때 요긴하다. 아무리 새벽 배송이 잘 된다고 해도, 급할 땐 직접 사는 게 최고니까!

병원, 약국

아파서 쓰러질 것 같은데, 택시를 부르기엔 애매했고 누가 태워줄 상황도 아니어서 병원까지 비틀거리며 걸어간 적이 있다.

구급차를 부를 정도는 아니더라도, 대부분의 경우 병원은 결국 내 발로 가야 한다. 따라서 이사할 집 주변에 내과나 이비인후과 같은 1차 진료 병원이 가까이 있는지 꼭 확인해두는 게 좋다.

최소한 약국이라도 도보 5분 이내에 있어야 한다. 아플 땐 5분도 너무 길다.

세탁소, 코인 세탁소

무거운 침구와 겨울 외투를 들고 세탁소를 찾아 동네를 헤멘 적이 있다. 요즘은 세탁물을 수거해 세탁 후 배달까지 해주는 서비스도 많아졌기에, 꼭 세탁소가 가까이 있을 필요는 없다. 하지만 살다 보면 한두 번은 꼭 가야 할 일이 생긴다. 따라서 없는 것보다는 가까이에 있는 편이 훨씬 낫다.

식당과 유흥시설

식당이 1층에 있는 상가 건물은 쥐나 바퀴벌레가 자주 출몰한다는 얘기를 들은 적 있다. 창문을 열면 음식 냄새가 집 안까지 스며드는 걸 감수해야 할 수도 있다.

또한, 유흥시설이 근처에 있으면 밤늦게까지 시끄러운 소음, 밝은 조명, 술에 취한 사람들 때문에 스트레스를 받을 수 있으니 꼼꼼하게 확인해야 한다.

나는 아침에 운동하는 걸 좋아해서 꾀죄죄한 차림으로 후다닥 다녀올 수 있는 가까운 헬스장이나 운동시설, 혹은 최소한 공원이 있는지 꼭 확인했다.

주말엔 여유롭게 커피 한 잔 마실 수 있는 동네 카페도 중요한 요소였고, 차를 가지고 다니게 된 이후로는 주차 공간 유무 역시 반드시 체크하는 항목이 되었다.

여기서 소개한 체크리스트는 어디까지나 나를 위한 것이다. 사람마다 삶의 방식과 중요하게 여기는 기준이 다르다. 그러므로 자신만의 우선순위를 정해 체크리스트를 만들어 보는 것이 좋다.

사실 모든 조건을 완벽히 만족시키는 집과 환경은 거의 없다. 결국엔 어느 정도는 포기하거나 감수해야 할 부분이 생기기 마련이다. 그래서 더더욱, 무엇을 절대 포기할 수 없는지 먼저 정하는 것이 중요하다. 그 기준이 없으면, 이도 저도 아닌 애매한 집에서 불편을 감수하며 살아가게 될 수 있기 때문이다.

집 안 체크리스트: 집을 보러 갈 때 꼭 확인해야 할 기본 항목

중개사와 함께 집을 보러 들어가는 순간, 어디부터 어떻게 살펴봐야 할지 막막한 경우가 많다. 갑자기 머릿속이 하얘지면서 아무것도 떠오르지 않을 수도 있다.

그럴 때를 대비해 미리 체크리스트를 준비해 두면 좋다. 그렇지 않다면 다음에 제시하는 기본 항목들만 제대로 점검해도, '괜히 계약했나?' 하는 후회를 줄일 수 있다.

채광

햇볕은 정말 중요하다. 건강은 물론 기분까지 좌우할 만큼 큰 영향을 미친다.

남향은 하루 종일 햇볕이 잘 들지만, 여름엔 너무 더울 수 있다. (전에 살던 남향 원룸은 여름에 실내 온도가 33도까지 올라갔다.) 반면, 동향은 아침 햇살은 풍부하지만 오후가 되면 금세 어두워진다.

요즘은 집이 어느 방향을 향하느냐보다, 앞에 햇볕을 가리는 건물이 있는지가 더 중요하다. 남향이라도 바로 맞은편에 고층 건물이 있다면 소용없기 때문이다.

낮에 집을 보러 갔다면 불을 켜지 않고도 집 안이 환한지 확인하고, 저녁에 방문했다면 창문 밖에 건물이 얼마나 가까이 있는지도 꼭 살펴보자. 잘못하면 항상 커튼을 치고 살아야 할 수도 있다.

단열

전에 살던 집은 벽 근처에서 바람 소리가 들릴 정도로 벽이 얇았다. 겨울이면 벽지가 축축하게 젖고, 곰팡이가 자주 피었다.

창이 큰 오피스텔이라면 겨울에 더 춥기 때문에 이중창 여부를 확인하자. 또한 집 안에 들어섰을 때 따뜻한 공기가 느껴진다면, 세입자에게 보일러를 켜놨는지도 물어보자. 보일러를 틀지 않았는데도 온기가 있다면, 겨울철 난방비를 절약할 수 있는 집일 가능성이 높다.

수압

화장실 변기 물을 내려보거나, 싱크대 물을 틀었을 때 물이 시원하게 잘 흘러나오는지도 반드시 체크!

방음

주먹으로 벽을 쳤을 때 딱딱한 시멘트를 때리는 느낌이라면 오케이. 그러나 텅 빈 나무판자 같은 소리가 난다면 그 집은 과감히 넘어가자. 중개사가 그 집에서 살아본 사람처럼 "이 집은 소음이 없어요"라고 해도 무시해야 한다. 나무 판자벽은 방음이 안 될 확률이 높고, 불법 개조 건물일 가능성도 있다. 혼자 사는 건지, 옆집과 함께 사는 건지, 게스트 하우스에서 사는 건지 헷갈리고 싶지 않다면 꼭 패스하자. 제발!

수납공간, 전자제품

옷장, 신발장, 싱크대 상·하부장 등 수납공간이 충분한지 꼭 확인하자. 짐이 많지 않더라도 수납공간이 부족하면 금세 지저분해진다.

에어컨, 세탁기, 냉장고 등의 전자제품 상태도 꼼꼼히 살펴보자. 외관이 낡아 보이거나 작동이 이상하면, 수리나 교체 여부를 미리 확인해야 한다. 그렇지 않으면 계약 후 문제가 생겼을 때 집주인이 나 몰라라 할 가능성이 높다.

관리비

관리비에 어떤 항목이 포함되는지도 반드시 확인하자. 보통은 수도요금, 공동 전기료, 청소비 등 공용 공간 유지비가 포함되고, 개인 전기·가스 요금은 세입자가 별도로 부담하는 경우가 많다.

오피스텔은 일반 주택보다 관리비가 비싸고, 세대 수가 많을수록 관리비 부담이 분산돼 상대적으로 저렴할 수 있지만, 월세가 저렴하다고 덥석 계약했다가 관리비 '폭탄'을 맞는 경우도 있으니 주의해야 한다.

참고로, 관리비를 물어보는 김에 쓰레기 배출 방법도 함께 확인하면 이사 후 혼란을 줄일 수 있다.

중개사는 집을 보여주는 동안 집에 대한 칭찬을 아끼지 않을 것이다. 하지만 그런 말은 반만 믿자. 살아보지도 않고 그 집을 평가하는 건 말이 안 된다. 정말 그렇게 좋은 집이었다면 본인이 살고 있지 않았겠는가?

"아, 그래요?" 정도로 적절하게 받아치면서 물도 틀어보고, 벽도 두들겨보고, 서랍장도 열어보면서 '직접' 확인해야 한다.

세입자의 말도 무조건 믿어선 안 된다. 환경이나 구조가 좋지 않은 집일수록 기존 세입자의 말에 과장이 섞이기 쉽다. 세입자든 중개사든 계약이 급할수록 단점은 숨기고 장점만 부풀려 말하기 때문이다.

 나는 이런 식으로 열한 번째 이사를 계획적으로 준비했고, 마음에 드는 집을 한 번에 찾을 수 있었다. 만기일보다 한 달 먼저 이사를 해야 했는데, 집주인이 흔쾌히 알겠다고 해서 무사히 이사 준비를 할 수 있었다. 이삿짐 차가 출발하자마자 보증금을 돌려받았고, 친절한 이사업체를 만나 마음 편히 이사를 마쳤다. 하지만 모든 이사가 그렇게 순조롭기만 한 건 아니었다.

 열두 번째 이사는 꼼꼼히 준비했지만, 뜻대로 풀리지 않았다. 이사업체를 구하는 것부터가 하늘의 별 따기였고, 결국 평일 오후에 이사를 해야 했다.

 이사 일정이 밀리면서 전세금도 제때 돌려받지 못했다. 설상가상으로 이사업체는 내 물건 일부를 잃어버리기까지 했다. 그럼에도 불구하고, 지금 살고 있는 집은 정말 마음에 든다.

혼삶러에게 보내는 응원

나는 집을 이런 기준으로 구했지만, 그 기준은 사람마다 다르다. 창밖으로 보이는 나무가 마음에 들어서, 석양이 아름다워서 집을 구했다는 이야기도 들었다. 결국 집을 구하는 방식도 각자의 성격과 취향을 따라가는 것 같다.

혼삶러를 위한 안내서 2
— 웰컴 투 던전*에 살려면 필요한 스킬

하얀 시폰 커튼 사이로 부드럽게 스며드는 햇살에 눈을 뜬다. 요가 매트를 바닥에 펴고 가볍게 스트레칭하며 아침을 시작한다. 잔잔한 음악이나 뉴스를 배경 삼아, 직접 내린 따뜻한 커피를 마신다. 여유로운 오전을 보내다가 배가 고플 즈음 나만을 위한 식사를 준비한다. 식사 후엔 영화 한 편을 보고, 운동까지 마치고 나면 어느새 저녁. 집에 놀러 온 친구들과 함께 저녁을 먹으며 웃음꽃을 피우고, 친구들이 돌아간 뒤엔 스탠드 불을 켜고 일기를

---

* 던전: 게임, 특히 롤플레잉 게임에서 괴물들이 살고 위험한 보물이 숨겨져 있는 지하 미궁이나 지하 감옥 같은 장소

쓰며 조용히 하루를 마무리한다.

브이로그의 한 장면처럼 들릴지도 모르지만, 사실 이건 자취를 시작할 때 내가 꿈꾸던 '혼자 사는 삶'의 모습이었다.

작은 성에 사는 공주처럼 우아하게 살 줄 알았다. 하지만 현실은 나를 맷집 좋은 탱커로 단련시켰다.

혼삶러에게 정말 필요한 건 시폰 커튼도, 예쁜 스탠드도 아니었다. 진짜 필요한 건 바로 '생존 스킬'이었다. (혹시 내 MBTI가 T라서 그런 걸까?)

크고 작은 사건들이 일상이 되면서, 나는 조금씩 '혼자 살아남는 법'을 익혀갔다. 그러다 보니 나도 모르게 레벨업을 거듭하며 혼삶에 꼭 필요한 생존 스킬들을 장착하게 됐다.

혼자 사는 동안 내가 얻은 스킬

강하고 힘센 아침

누구의 도움 없이, 오직 핸드폰 알람 하나로 아침을 시작할 수 있다. 숙련될수록 알람 없이도 스스로 깨어나고, 최고 레벨에 이르면 알람이 울리기 전 눈이 저절로 떠진다.

1인분의 달인

요리 실력이 점점 늘고, 만들 수 있는 요리의 종류도 다양해진다. 시간이 지날수록 1인분의 정확한 양을 딱 맞춰 낼 수 있는 능력도 생긴다. 단, 음식 양이 줄어드는 건 아니라서 위가 늘어날 수 있으니 주의할 것!

어둠 속의 일격

불 꺼진 집 안에서도 다치지 않고, 형광등 스위치를 정확히 찾아낼 수 있다. 단, 늘 집 안 조명을 켜두는 사람이라면 이 스킬은 굳이 필요 없을지도 모른다.

이너피스(Inner Piece)

집 안에서 갑작스레 벌레와 마주쳐도 심박수를 분당 70회 안팎으로 안정적으로 유지할 수 있다. 타인의 도움 없이도 스스로 벌레를 처리할 수 있지만, 날아다니는 바퀴벌레는 예외다.

혈중 알코올 컨트롤러

술에 취해도 전기세, 가스요금 등 납부 기한은 절대 잊지 않는

다. 돈이 술보다 더 무서우니까. 단, 과음하면 일시적으로 기억력이 마비될 수 있으니 조심할 것.

멀티태스커(Multitasker)

여러 가지 집안일을 동시에 척척 해낼 수 있다. 빨래를 돌리며 청소하고, 넷플릭스를 틀어놓은 채 요리하며 설거지까지. 단, 체력이 뒷받침돼야 가능한 스킬이라 꾸준한 수련이 필요하다.

물론 그 수련도 멀티태스킹으로 가능하다. 예를 들어, 밥 짓는 동안 홈트를 병행하는 식으로.

숨 참고 쓰레기 다이브(Dive)

쓰레기와 분리수거를 빠르고 정확하게 처리할 수 있다. 비위가 강해지고 폐활량도 향상되어, 음식물 쓰레기를 무표정으로 숨 참고 처리할 수 있다. 곰팡이, 악취, 각종 더러움에도 강한 내성이 생긴다.

골든 사일런스

집 안의 고요함에 자연스럽게 익숙해진다. 며칠간 말없이 지내도 무리가 없으며, 스킬이 강화될수록 혼잣말 능력도 향상된다. 단, 오랜만에 대화가 시작되면 말이 쏟아져 나오는 '민폐 공격'이

의도치 않게 발동될 수 있다.

어머머머~ 세상에

넉살이 좋아져 중장년층과도 자연스럽게 대화를 나눌 수 있다. 이 스킬을 장착하면 할인이나 서비스는 물론, "우리 조카 소개해줄까?" 같은 말도 자주 들을 수 있다. 하지만 실제 소개로 이어지는 경우는 드물기 때문에 "아유~ 번호표 뽑고 오세요"라고 재치 있게 대응하는 센스가 필요하다.

혼삶러에게 보내는 응원

이런 스킬을 쌓아 놓아도, 혼자 살다 보면 멘탈이 부서지는 순간이 종종 찾아온다. 한밤 중에 누군가 초인종을 누르거나, 로봇청소기가 전선을 끌고 다녀 집안을 난장판으로 만들어 놓기도 한다. (물론 내 얘기는 아니다.)

갑자기 세면대가 깨지는 일도 벌어진다. (이것도 정말 내 얘기는 아니다. 진짜다.) 그러고 보면, 혼자 산다는 건 어쩌면 '해탈의 경지'에 이르는 과정일지도 모른다.

혼삶러를 위한 필수 가전

10년 넘게 혼자 살면서 '사기를 참 잘했다'고 느낀 가전제품이 몇 가지 있다. 냉장고, 세탁기, 에어컨처럼 생존에 필수적인 제품은 제외했다. 그런 건 기본이니까.

독립을 준비 중이거나 이제 막 혼자 살기 시작한 사람이라면, 아직 무엇이 필요한지 잘 모를 수 있다. 그런 경우라면 다음 네 가지부터 갖춰보자. 삶의 질이 달라진다.

전자레인지

혼자 살다 보면 요리를 직접 할 때도 있지만, 편의점 도시락이

나 간편식, 혹은 어제 남긴 반찬으로 끼니를 해결하는 경우도 많다. 이런 음식들은 전자레인지 없이는 먹기 어렵다. 요즘은 전자레인지 전용 찜기나 냄비도 잘 나와서 간단한 요리도 뚝딱 만들 수 있다. 생각보다 자주, 부지런히 쓰게 된다.

공기청정기

처음엔 원룸에 공기청정기를 들이는 게 사치처럼 느껴졌다. 그러다 미세먼지로 하늘이 누렇게 변하는 걸 보고 망설임 없이 결제 버튼을 눌렀다.

써보니 미세먼지뿐 아니라 음식 냄새 제거, 먼지 감소, 쾌적한 공기 유지 등 여러모로 유용했다. 기분 탓일 수도 있지만, 확실히 호흡기 질환도 덜 걸리는 느낌이다.

한 가지 팁을 덧붙이자면, 요리할 땐 공기청정기를 잠시 꺼두는 게 좋다. 기름 입자가 필터에 들러붙을 수 있다.

온열매트

겨울이 되면 애인의 품보다 더 간절한 게 따뜻한 침대다. 퇴근하자마자 온수매트를 켜두고 씻고 나와, 데워진 침대에 몸을 누이는 순간, "아, 행복해"라는 말이 절로 나온다.

전기요나 전기장판, 온수매트가 있으면 보일러 사용을 줄일 수 있어 가스비도 아낄 수 있다. 다만, 이불 밖으로 나가기 싫어진다는 결정적인 단점이 있다.

전기요나 전기장판은 빠르게 따뜻해지지만 전자파나 합선 위험이 있고, 온수매트는 비교적 안전한 대신 물을 채우고 관리해야 하는 번거로움이 있다. 가격도 더 비싸다. 그러니 취향과 여건에 따라 선택하자.

제습기

겨울에도 집 안이 눅눅하고, 벽에 곰팡이가 피기 시작하면 곧 감기나 두통이 찾아온다. 그런 경험 끝에 제습기를 장만했다.

원룸이지만 용량이 큰 10리터짜리를 골랐는데, 장마철엔 하루만에 물통이 꽉 찰 정도로 제 역할을 했다. (참고로 10리터는 물통 용량이 아니라 하루에 흡수할 수 있는 습기의 양이다.)

습한 날엔 빨래를 말릴 때 건조대 옆에 두면 아주 효과적이고, 전기세도 한 달 내내 돌려도 몇 천 원 수준이라 부담이 없다. 환기가 잘 안 되거나 습한 구조의 집이라면 강력 추천한다.

요즘엔 식기세척기, 건조기, 로봇청소기 같은 가전이 '필수템'으로 불리지만, 나는 조금만 부지런하면 직접 해도 괜찮다고 생각한다. 물론 바빠서 집안일조차 감당하기 어렵거나, 시간을 더 생산적으로 쓰고 싶다면 충분히 투자할 가치가 있다. 다만, '내 몫은 내가 챙긴다'는 기본적인 마음가짐이 먼저라는 생각에는 변함이 없다.

혼자 산 지 10년이 넘으면서 가전제품이 하나둘씩 늘어났다. 최근 이사한 집에는 기본 가전이 없어 냉장고, 세탁기, 전기 하이라이트를 새로 들였고, 부모님 방문을 대비해 TV도 장만했다. 더 맛있는 밥을 먹고 싶어서 전기압력밥솥까지 샀다.

다가올 이사가 살짝 부담스럽긴 하지만, 이 모든 건 혼자 사는 삶에 익숙해진 뒤 천천히 갖춘 것들이다.

혼자 살기 시작했다면, 우선 자신의 생활 패턴을 잘 살펴보고 꼭 필요한 것부터 하나씩 갖춰나가자. 필요한 물건은 결국 생활이 알려준다.

혼삶러에게 보내는 응원

최근에 산 가전제품 중 가장 만족스러운 건 음식물 처리기다.

기기에 음식물 쓰레기를 넣고 작동시키면, 내용물이 가열되어 잘게 분쇄된다. 이렇게 처리된 음식물은 그대로 봉투에 버리거나 퇴비로 활용할 수 있다.

특히 음식물 냄새와 날벌레가 눈에 띄게 줄어드는 것이 가장 큰 장점이다. 집에서 요리를 자주 한다면 꼭 한 번 써보길 추천한다.

혼삶러가 갖춰야 할 세 가지 복

 혼자 사는 사람이 새 집에 들어갈 때마다 꼭 살펴야 하는 '세 가지 복'이 있다. 이웃 복, 벌레 복, 집주인 복이 바로 그것이다. 그게 왜 '복'이냐고? 잔금 다 치르고 살아보기 전까지는 그 진가를 알 수 없기 때문이다.

 이웃 복이란 내 주변에 어떤 사람들이 사는지를 말한다. 현관문 여닫는 소리만 들어도 "아, 옆집에 사람이 살긴 사는구나" 정도로 끝난다면, 전생에 복을 꽤 쌓은 셈이다.
 안타깝게도 나는 이웃 복이 별로 없었다. 새벽 한 시 넘어서 친구들과 깔깔대며 홈파티를 여는 집은 그나마 귀여운 편이다. 오전 아홉 시부터 밤 열두 시까지 색소폰을 불며 예술혼을 불태우는 이웃, 알아들을 수 없는 사투리로 싸우다 갑자기 19금 로맨스가 벌어졌다가, 다시 화해하는 이웃과 1년을 함께 보냈다.

그 덕분에 윗집에서 쿵쿵거리는 소리 정도는 '눈 한번 흘기고 넘기는' 경지에 이르렀다.

외모든 말발이든 누구에게도 밀리지 않는 나로서는, 결국 다음 생을 기약하며 조용히 피해 다닐 수밖에 없었다.

두 번째는 벌레 복이다. 혼자 사는 사람에게 벌레란 '혼자가 아니구나'와 동시에 '도와줄 사람이 없다'라는 사실을 깨닫게 해주는 존재다.

어느 날 아침, 싸한 기운에 눈을 떴는데, 침대 머리맡 벽을 그리마 한 마리가 느긋하게 기어가고 있었다. 심장은 쿵쾅거리고 손발이 얼었지만, 일단 텔레파시를 날렸다.

"저기요, 그리마 씨. 제가 안 보면 도망가 주세요."

하지만 그리마는 미동도 없었다. 파리채는 없고, 모기약만 있는 상황. 망설이다 결국 약을 들이부었고, 흐물해진 그리마를 두루마리 휴지에 둘둘 말아 쓰레기통에 던졌다.

고작 두세 번 겪은 일이었지만, 충격은 컸다.

내 대학 선배는 더 심했다. 이사 갈 때마다 바퀴벌레가 따라다녔고, 한 번은 벗은 양말 안에서 바퀴가 나왔다고 한다. 영화 《조의 아파트》가 떠오르는 순간이었다. 언젠가 다시 만나면, 지금도 그 친구들과 잘 지내는지 꼭 물어보고 싶다.

여기서 작은 팁 하나. 언젠가 쓸지도 모른다는 생각에 종이상자를 쌓아두는 사람들이 더러 있는데 가능한 한 버리는 게 좋다. 그 안에 바퀴벌레알이 숨어 있을 수도 있기 때문이다. 《조의 아파트》처럼 벌레가 애인을 구해주길 바라거나, 외롭다며 번식력 좋은 친구 한두 마리를 애써 용인하지 않는다면 더더욱 그렇다.

세 번째는 집주인 복이다.

나는 운이 좋은 편이었다. 대부분 좋은 집주인을 만났기 때문이다.

한 할아버지 집주인은 매일 아침, 할머니와 함께 건물 앞 쓰레

기를 직접 치우셨다. 그 모습을 보며 "나도 언젠가 이런 건물주가 되자"고 다짐했다

    어느 날은 형광등 안정기를 교체해야 할 것 같다고 연락드렸더니, 할아버지께서 직접 사다리와 부품을 들고 오셨다. 내가 직접 하겠다고 하자, "내가 할게요" 하시며 사다리에 조심스레 올라가셨다. 한 걸음 한 걸음 오르실 때마다 "에효, 에효" 하시며 힘겨워하시는 모습에, 나는 혹여나 쓰러지시진 않을까 걱정하며, 핸드폰을 꼭 쥔 채 119를 누를 준비를 하고 있었다. 그렇게 아주 느리고 조심스러운 동작으로 20분 만에 겨우 안정기를 교체하신 할아버지는 "잘 살아요~"라고 하시며 조용히 떠나셨다. 내가 했으면 5분도 안 걸릴 일이었지만, 가족처럼 여기고 손수 고쳐주신 그 마음이 매우 따뜻하게 다가왔다.

    반면, 지인의 집주인은 악명이 자자한 사람이었다.

    한 번은 지인이 본가에 다녀오는 사이 집에 물난리가 났다. 건물 계단을 따라 물이 흐르고, 현관문 밑에서 물이 새고 있었다. 문을 열자 형광등이 천장에서 매달려 있었고, 노트북은 이미 침수된 상태였다. 윗집에서 터진 물이 그대로 흘러든 것이었다.

지인이 급히 연락하자 집주인은 "지금은 바쁘니 나중에 얘기하자"며 전화를 끊었다. 한여름에 에어컨 고장도 한 달 넘게 방치했다고 한다. 그러다 보니 공인중개사들 사이에서도 소문난 악덕 집주인이었다.

"그 집에서 계속 살 거야?" 하고 물으니, 지인은 "이 동네에서 월세가 제일 싸"라며 씁쓸하게 웃었다.

세 가지 복 모두를 타고났다고 생각하는 사람이 있다면, 전생의 자신에게 감사하고 또 감사해야 할 것이다.

세 가지 복 모두 타고나지 못했다면?

어쩔 수 없다. 이번 집은 글렀으니 다음 집을 노리도록 하자. 여러 번 실패하다 보면 촉을 키울 수 있을지도 모르니까.

몇 번을 해도 안 된다고? 그렇다면 덕을 쌓으며 다음 생을 기약하자. 어쩌면 다음 생의 당신이 지금의 당신에게 감사할 수도 있을 것이다.

모두, 복 많이 받으시길.

혼삶러에게 보내는 응원

지인들이 겪은 별별 집주인 이야기를 들으니, 나는 정말 복에 겨운 사람이었구나 싶다.
이 글을 읽는 모든 분이, 부디 보증금(혹은 전세금)을 제때 돌려주고, 사는 동안 특별히 얼굴 볼 일 없는 그런 '복 많은 집주인'을 만나길 두 손 모아 간절히 바란다.

빨래를 개다가

"엄마, 혹시 수건에 섬유유연제 넣었어?"

본가에 들렀던 어느 날, 빨래를 개다 보니 수건에서 은은한 향기가 났다. 보들보들한 촉감도 낯설었다.

엄마는 "무슨 그런 바보 같은 소릴 다 하냐?"는 표정으로 나를 바라봤다

자세히 보니 수건과 옷가지가 뒤섞여 있었다. 수건에 섬유유연제를 넣는 것도, 옷과 함께 돌리는 것도 내 기준에선 썩 내키지 않았지만, 본가에선 엄마의 룰이 곧 법이다. 나는 그저 조용히 빨

래를 개었다.

대학교 기숙사에 살 땐, 공동 세탁실에서 세탁비 아끼겠다고 수건, 옷, 속옷을 한꺼번에 돌렸다. 섬유유연제도 듬뿍 넣었다. 향기가 폴폴 나길 바라면서. 건조기가 있어 문제는 없었지만, 원룸에서 혼자 살기 시작하면서 상황이 달라졌다. 베란다도 없고 환기도 잘 안 돼 빨래가 좀처럼 마르지 않았다. 특히 장마철엔 수건에서 쿰쿰한 냄새가 났다. 나는 그 사실을 모르고 있다가, 친구가 놀러 와서 "수건에서 냄새나"라고 말해줘서야 알게 됐다. 부끄러웠다.

냄새의 원인은 섬유유연제였다. 많이 넣을수록 빨래가 잘 마르지 않고, 오히려 냄새가 배었다.

그 후로는 수건만 따로 모아 섬유유연제 없이 세탁했다. 보들보들하진 않았지만 냄새는 나지 않았다.

레깅스나 스포츠 브라 같은 운동복도 섬유유연제를 쓰면 안 된다. 탄력이 줄어들기 때문이다.

손상되기 쉬운 니트, 물 빠짐이 심한 옷은 울 샴푸로 따로 세탁망에 넣는다.

이렇게 수건, 운동복, 니트, 일반 옷을 구분해서 일주일에 세탁기를 3~4번 돌린다.

엄마는 그걸 보고 "유난 떤다"고 말하지만, 내 옷은 대부분 비싼 브랜드가 아니라 세탁 한 번 잘못하면 쉽게 낡아버린다.

그날, 수건을 다 개고 양말을 개고 있는데, 옆에 있던 아빠가 물었다.

"이건 어떻게 접은 거냐?"

우리 집은 늘 양말 두 짝을 포개서, 한쪽 양말을 뒤집어 해파리처럼 말아 접었다.

나는 그 방식이 싫었다. 손가락으로 양말을 끌어올리는 것도, 신발을 벗을 때 양말이 함께 벗겨지는 것도 싫었다. 그래서 내 방식대로 접기 시작했다. 양말 두 짝을 포갠 뒤 삼등분으로 접고, 발가락 쪽을 양말 입구 쪽에 쏙 넣는 방식이다. 그렇게 하면 양말목이 덜 늘어나고 정리도 깔끔하다.

그 방법을 알려주자 아빠는 "야~ 니 머리 좋다잉" 하시며, 남은 양말을 다 접으셨다.

내친김에 팬티 접는 법도 알려드렸는데(양말이랑 비슷하다), 그 순간 내가 '정말 독립했구나' 싶었다.

가족과 비슷한 식성과 말투, 생활방식을 갖고 살았지만, 어느새 나는 나만의 삶의 방식을 만들어가고 있었다. 식성도, 취향도, 심지어 빨래 개는 법까지도.

혼삶러에게 보내는 응원

아무리 예쁘게 접어 정리해도, 며칠만 지나면 서랍장은 또 엉망이 되어 있다. 이게 내 마음 상태와 닮았다는 생각이 들 때도 있다.
혹시 옷장이나 서랍장을 정리할 때 나만의 꿀팁이 있나요?
좋은 방법이 있다면, 부디 공유 좀 해주세요.

주말에 뭐 하세요?

"주말에 뭐 하세요?"

혼자 산다고 하면 꼭 듣는 질문이다. 두 가지 이유 때문일 것이다. 혼자 사는 삶이 궁금하거나, 혼자 사는 게 낯설거나.

그럴 때면 나는 수줍게 웃으며 대답한다.

"집안일이요."

혼자 사는 집에 할 일이 뭐가 그리 많냐고? 그건 혼자 살아보지 않아서 하는 말이다.

원룸은 좁다. 조금만 어질러도 금방 지저분해 보인다.

조금 넓다고 해서 사정이 크게 다르진 않다. 안심하고 마구 어질렀다가, 치울 생각에 머리가 아득해진다. 특히 머리카락이 문제다. 대머리가 아닌 게 신기할 만큼 많이 빠진다. 청소기를 돌리고 돌아서면 또 흩어져 있다. 심지어 머리를 묶고 있어도.

친구는 언젠가, 바닥에 머리카락이 너무 많아 집에 누가 다녀간 줄 알았다고 했다. 그 모든 머리카락이 자기 머리에서 나왔다는 걸 알고, 망연자실했다고.

싱크대도 만만찮다. 내 집 싱크대는 꽤 큰 편인데도, 그릇이 금방 쌓인다. 설거지를 만드는 사람이 문제지, 그걸 누굴 탓하랴.

얼마 전 깨달은 건, 설거지하는 시간보다 '해야지' 하며 미루는 시간이 더 길다는 것. 그걸 안 뒤론, 그냥 바로 해버린다. 그래야 마음이 편하다.

소파에 좀 앉으려다 보면 세탁 바구니가 눈에 들어온다. 일반 옷, 니트, 운동복, 수건을 구분해 차례대로 세탁기를 돌린다.

그 사이 이불과 패드를 개어 코인 세탁소로 가져간다. 빨래를 걷어 옷걸이에 가지런히 걸고, 잘 접어 정리한다.

"좀 쉬어도 되지 않냐"는 말은, 어지간히 치운 다음에 들으면 좋겠다.

조금이라도 빨리 눕고 싶다면, 부지런해야 하니까.

그다음은 쓰레기다.

종량제 봉투에 쓰레기를 담고, 재활용품과 박스를 정리해 쓰레기장에 가져다 놓는다.

어느 정도 정리되면 샤워를 하고, 화장실 청소까지 마무리한다. 그리고 상쾌한 기분으로 커피 한 잔을 내린다. (아, 또 설거짓거리가 생겼다.)

장바구니를 챙겨 집을 나서면, 이미 하루의 절반이 지난다.

다 끝났냐고? 그럴 리가.

하지만 이 글을 읽는 당신이 지칠까 봐 오늘은 여기까지만 하련다.

처음부터 집안일에 진심이었던 건 아니다. 편의점 컵라면을 즐겨 먹었고, 건조대에서 바로 옷을 꺼내 입었다. 출근길에 쓰레기 내놓는 걸 잊어 현관 앞에 택배 상자와 빈 생수병이 쌓이기도 했다. 그러다 어느 날 문득, 깨달았다. 지저분한 공간이 나를 더 지치게 만든다는 걸.

삶도, 집도 엉망이 되어 가는 순간 알게 됐다. 내가 머무는 공간이 곧 나라는 것을.

그러고 보면 집안일은 단순히 청소가 아니라, 나를 돌보고 정비하는 일이었다.

얼마짜리 집에 사느냐보다 어떻게 사느냐가 그 사람을 더 잘 보여준다고 믿는다.

이 글을 쓰는 지금, 노트북 옆 테이블 위에 며칠째 놓인 빈 티슈 곽이 눈에 들어온다.

아직 좋은 사람이 되려면 멀었다. 그래도 괜찮다.

지금의 나는 아직 마음에 들지 않지만, 쓸고 닦고, 잘 먹고 잘 자면서, 조금씩 더 나아지고 싶다.

이번 주말에 뭐 하냐고 묻는다면, 나는 또 웃으며 말할 것이다.

"집안일이요."

혼삶러에게 보내는 응원

아무도 오지 않고, 아무도 보지 않아도 나는 내가 살아가는 이 공간을 책임지고 싶다. 하지만 화장실 청소만큼은 정말 하기 싫다. 그래서 샤워를 마친 뒤에는 스퀴지로 물기를 싹 제거하고 나온다. 이렇게 하면 물때와 곰팡이가 덜 생기기 때문이다.

원 플러스 원은 사양합니다

 지금 사는 집은 공간이 넉넉하지만, 이전에 살던 집들은 슈퍼 싱글 침대 하나만 놓아도 남는 공간이 거의 없었다. 사계절 내내 입을 옷과 신발, 이불, 책, 잡동사니를 모두 집 안에 몰아넣으면 마치 여행지에서 돌아오기 전날 캐리어가 터질 듯 부풀어 오른 것처럼 어지러웠다.

 수납공간이 부족하다 보니 마트에서 물건을 살 때도 무조건 '가성비'만 따질 수 없었다. 싸다고 무작정 쟁여 두는 건 사치이자 낭비였기 때문이다. 그러니 필요한 만큼만 그때그때 사는 습관이 생겼다.

"고객님, 이번에 원 플러스 원 행사하고 있는데 필요 없으세요?"

마트에서 물건을 고르던 중 직원의 한마디에 고개를 들어 보니, 칫솔이 원 플러스 원 행사 중이었다. 칫솔 8개에 또 8개가 붙어 총 16개. 4인 가족이라면 각자 한 달에 칫솔 하나씩 써서 4개월이면 다 쓸 양이었다. 하지만 혼자 사는 사람에게는 16개월이 걸리는 양이다.

그 긴 시간 동안 화장실 수납장이 칫솔로 가득 차 있는 모습을 상상해본다. 문제는 수납장에 칫솔만 들어가는 게 아니라는 점이다. 결국 아쉽지만, 조금 더 비싸더라도 4개짜리 칫솔 세트를 고를 수밖에 없었다.

칫솔만의 이야기가 아니다. 식재료 역시 마찬가지다. 내가 필요한 건 양배추 ¼, 토마토 몇 개, 사과 몇 개뿐인데, 마트의 양배추는 작아야 반 통, 토마토와 과일은 묶음으로만 판매한다. 물론 몇 년 전보다는 판매 단위가 작아지긴 했지만, 이걸 언제 다 먹으라는 건지 모르겠다.

혼자 사는 사람이 이렇게 많은 식재료를 사면 결과는 두 가지다. 같은 재료만 며칠 동안 부지런히 먹어 없애거나, 음식물 쓰레기로 버리거나. 결말은 달라도 불편함은 결국 똑같다.

통계청 자료에 따르면, 2025년 기준 우리나라 1인 가구 비율은 전체 가구의 약 35.5%로 가장 보편적인 가구 형태가 되었다. 10명 중 3명이 혼자 사는 셈이다. 평균 가구원 수는 2.26명으로 점점 한 집에 함께 사는 사람이 줄어들고 있다.

그럼에도 불구하고, 마트는 여전히 대가족을 위한 공간처럼 느껴진다. 넉넉한 공간과 물건을 쟁여 두는 걸 좋아하는 사람들에게는 원 플러스 원이나 묶음 판매가 반가울 수 있지만, 그렇지 않은 이들에게는 그런 판매 방식이 공간 낭비일 뿐 아니라 불필요한 쓰레기를 만들 뿐이다.

런던 여행 중 들른 마트에서는 과일과 채소 대부분을 낱개나 3~4개씩 소량으로 판매해, 원하는 만큼만 살 수 있었다. 마트에서 직접 만든 빵도 1~2개씩 소포장하거나 낱개로 구매할 수 있었다. 하지만 우리나라에서는 한 봉지에 8~10개가 들어 있는 빵이 많고, 남은 빵은 냉동실에 얼려 먹으라는 방식이 당연하게 여겨져 불편함을 감수해 왔다.

이제는 이런 방식에 의문이 생긴다. 빠르게 변하는 가정 형태에 맞춰 물건을 판매하는 방식도 함께 변화할 필요가 있지 않을까?

혼삶러에게 보내는 응원

농산물 꾸러미를 아는가?
다양한 농산물을 한 박스에 담아 정기적으로 배송해 주는 서비스다. 나는 2주에 한 번씩 농산물 꾸러미를 받았다. 재료를 손질해 냉장고에 넣는 일이 번거롭긴 하지만, 평소 같았으면 사 먹지 않았을 농산물을 접할 수 있어 좋았다. 덕분에 내 식탁은 언제나 제철 채소로 풍성했다.

혼삶러에게 필요한 컵은 몇 개?

어느 날, 혼자 사는 친구 집에 세 명의 친구가 모였다.

"이야, 혼자 살더니 이제 술도 머그잔에 마시는구나."

B가 맞은편에 앉은 A를 향해 말했다.

"집에 맥주잔이 두 개밖에 없어서 그래. 너희들한테 그 맥주잔 양보한 거야. 감동적이지?"

"그래, 눈물 난다, 진짜."

옆에 앉은 C가 말했다.

"에이, 하나 더 사지 그랬어? 그럼 우리 셋 다 맥주잔에 마실 수 있잖아."

"그러게, 우린 생각도 안 했네? 애인이랑 마시려고 그런 거 아니야?"

"아, 그래서 식탁 의자도 두 개구나."

B와 C가 A가 앉아 있는 화장대 의자를 바라보자, A가 머그잔을 들며 말했다.

"뭐? 다들 무슨 소리야. 그게 애인 없는 사람한테 할 말이야?"

셋은 깔깔 웃으며 맥주를 들이켰다.

"그런데 진짜 혼자 사는 사람한테 맥주잔 몇 개가 필요하지?"

A가 머그잔을 내려놓으며 물었다.

B가 당당히 대답했다.

"세 개지."

"왜 세 개인데?"

"예로부터 숫자 3은 안정과 조화를 뜻했잖아. 삼세판, 삼시세끼, 삼위일체. 우리도 딱 셋이고, 얼마나 안정적인 숫자야."

"그런가? 난 짝수가 좋은데. 두 개냐 네 개냐, 늘 그 사이에서 고민하는 것 같아. 근데 집에 손님이 많지 않으니까 결국 두 개짜리 세트를 사고 말아. 그래서 지금 머그잔에 맥주 마시는 거고."

A가 조용히 대화를 듣고 있던 C를 바라보며 물었다.

"넌 어때?"

"난 그냥 마음에 들면 다 사서 뭐가 얼마나 있는지 모르겠어."

"그러고 보니 C네 집에는 부족한 게 없었다. 사케 병이랑 술잔도 있었지?"

"너 그건 못 봤구나. 우리 집엔 막걸릿잔도 있어."

"막걸릿집에 있는 그거? 양은 잔 말이야?"

"응, 그거 맞아. 근데 지금은 수납공간이 부족해서 참는 중이야. 이사도 걱정이고…"

A가 손바닥으로 테이블을 툭 치며 말했다.

"그래, 맞아. 우리가 공간이 없는 거지, 취향이 없는 게 아니잖아."

"넌 없는 것 같은데?"

"적게 소비하고, 가진 건 망가질 때까지 열심히 쓰는 게 나의 취향이야. 존중해줄래?"

"알겠어. 존중해줄게."

"근데, 넌 어떻게 생각해?"

"누구? 나?"

"아니…"

"아! 그래, 너!"

"너 말이야, 이 글을 읽고 있는 너. 너는 잔을 몇 개나 가지고 있어? 또, 몇 개가 적당하다고 생각해? 알고 있다면 좀 알려줘."

혼삶러에게 보내는 응원

"공간이 없지, 취향이 없냐?"라고 말하곤 했지만, 요즘은 취향보다는 가성비만 따지는 사람이 된 것 같다는 생각이 들기도 한다. 아니, 어쩌면 '가성비'가 새로운 취향이 된 것일지도 모르겠다.
당신은 어떤 취향을 갖고 있는가?
자신이 무엇을 좋아하는지 아는 일은, 스스로를 돌보는 일의 시작이라는 점에서 매우 중요하다.

혼삶러를 위한 꿀 정보 세트
혼자 살아서 몰랐던 것들

혼자 살면 별것 아닌 일도 '생존'이 된다.
택배 받기, 집 구하기, 감기 걸렸을 때 병원 가는 법까지…
혼자 사는 사람은 '생활의 모든 것'을 스스로 익혀야 한다.
다음 정보는 당신의 혼삶을 한결 수월하게 만들어줄지도 모른다.

1. 방 구하기 전에 꼭 확인할 것

- » 반지하, 옥탑, 1층은 여름에 덥고 겨울에 춥다.
- » 월세보다 관리비가 더 많이 나올 수 있으니, 엘리베이터 사용료와 청소비 등의 포함 여부도 반드시 체크할 것!
- » 인터넷 속도와 휴대폰 수신 상태도 잊지 말고 확인하자.
- » 직방/다방 앱 외에 '피터팬의 좋은방 구하기'도 꽤 유용하다
- » ※ 방 보러 갈 땐 낮에도 가고 밤에도 가보자. 낮에는 채광, 밤에는 치안과 소음 수준을 확인할 수 있다.

2. 택배 수령 & 분실 방지 요령

- » 경비실 없는 원룸은 '공용 현관 비밀번호' 공유 여부를 꼭 확인해야 한다.
- » 경비실과 무인택배함이 없다면 'CU Post' 활용 가능
- » 배송 요청란에 '문 앞 놓기+사진 인증 요청' 꼭 남기기

※ 혼삶러를 위한 추천 앱
- 스마트택배: 모든 택배 회사 송장번호 한 번에 추적

- 세탁특공대: 수거-세탁-배송까지 24시간 신청 가능한 세탁 서비스

3. 감정 관리, 어떻게 하면 좋을까?

혼자 살다 보면 울컥하는 날이 있다.
괜히 눈물이 나고, 누군가에게 전화를 걸고 싶지만 떠오르는 사람이 없을 때.
그럴 땐 감정일기를 써보자.
말로 꺼내기 어렵다면, 글로라도 내 마음을 표현해보는 것이 좋다.

※ 감정 관리용 앱

- 마인디(MINDY): 하루의 감정을 기록하며 마음을 정리할 수 있는 힐링 앱
- May: 다이어리 꾸미기 앱. 감정일기+스티커로 위로받을 수 있다

4. 오늘도 잊지 말자! 혼삶 체크리스트

» 오늘 따뜻한 밥 한 끼는 먹었나요?

» 나에게 필요한 말을 스스로 해줬나요?

» 내일 아침의 나를 위해 컵 하나라도 씻어뒀나요?

혼자 사는 건 가끔은 고되고, 가끔은 자유롭다.
그 둘 사이의 균형을 잡아가는 중이라면, 당신은 지금 아주 잘 살고 있는 것이다.
혼자의 시간은 비워내는 시간이기도 하고, 천천히 채워가는 시간이기도 하다.
그렇게 당신은, 조금씩 자신만의 세계를 만들어가는 중이다.
서툴고 느려도 괜찮다. 지금 이 삶이, 누군가에게는 로망일지도 모르니까.

3부

당신의 혼삶은 안녕한가요?

보일러가 알려준 소확행

어느 겨울 아침이었다. 눈을 떴는데 방 안 공기가 싸늘했다. 출근 전까지 보일러를 켜두려고 전원 버튼을 눌렀지만, 아무 반응이 없었다. 수도꼭지에선 얼음장 같은 물만 콸콸 쏟아졌다.

현관문을 나서 복도 끝 공용 보일러실로 가 보니, 보일러는 조용히 잠든 듯 아무 소리도 없었다. 같은 층 네 가구가 보일러 한 대를 나눠 쓰는 구조였지만, 이른 아침이라 다른 집에 물어볼 엄두도 나지 않았다.

헬스장이라도 다녔다면 거기 가서 얼른 씻고 나왔을 텐데, 회원권은 진작에 만료됐다. 여름에도 쪄 죽을지언정 따뜻한 물로 씻어야 하는 사람인데, 한겨울에 찬물이라니. 눈앞이 아득해졌다. 머리를 감지 않고 출근할까 하는 생각도 했지만, 거울을 보니 감지 않으면 안 될 것 같았다.

"그래, 사람은 어떻게든 살 수 있어!"

멍하니 있을 시간이 없었다. 전기 주전자로 물을 끓이고, 대야에 옮겨 찬물을 섞었다. 그 물로 머리를 감았다.

어이없게도, 웃음이 나왔다. 매달 꼬박꼬박 관리비에 월세까지 내는데, 끓인 물로 머리를 감아야 하다니.

출근길에 불 켜진 관리실 문을 두드렸지만, 안은 텅 빈 듯 인기척 하나 없었다. 관리소장이란 분이 존재하기나 하는 건가?

제대로 씻지도 못한 데다가, 보일러는 왜 이러는지도 모르겠고 (사실 전에도 몇 번 그런 적이 있었지만, 겨울이 아니라 그냥 넘겼다), 마음이 좋을 리가 없었다. 앞에서 얼쩡대는 사람이 보이면 괜히 짜증이 더 나고, 내릴 것도 아니면서 지하철 출입문을 막고 있는 사람들한테도 화가 났다. 생각 같아서는 지금 당장이라도 이사하고 싶었지만, 계약기간이 넉 달이나 남았다. 보일러 문제를 겪은 다른 사례가 있을까 인터넷을 뒤졌지만, 딱히 도움이 될 만한 정보는 없었다.

위로받고 싶어 엄마에게 전화했다. 하지만 돌아온 말은 "퇴근하면 잘 돌아가 있을 거야."

위로라기보단 덤덤한 현실 확인처럼 들렸다. 마음이 더 답답해졌다. 결국 엄마에게 짜증을 내고 말았다.

퇴근 후 집에 가 보니, 엄마 말대로 보일러는 잘 돌아가고 있었다. 기쁘면서도 어이가 없었다. 보일러실에 가 보니, 보일러가 우~웅 소리를 내며 힘차게 작동하고 있었다. 온수도 문제없이 잘 나왔다.

도대체 무슨 문제였을까? 보일러가 아침에 잠시 기절이라도 했던 걸까? 이과 출신으로서 이렇게 두루뭉술하게 넘어가는 건 납득할 수 없었다. 기사님과 관리소장님을 불러 정확한 문제를 알아보고 싶었지만, 나 혼자만 쓰는 보일러가 아니기에 더는 따질 수도 없었다.

집으로 돌아와 뜨거운 물로 샤워를 했다. 뜨거운 물줄기와 함께 하루 동안 꾹꾹 쌓아뒀던 짜증도 함께 씻겨 내려갔다. 샤워가 이렇게 즐겁고 소중한 일이었나 싶었다. 그러고 나니 출근할 때 속으로 미워했던 사람들과 엄마에게 미안한 마음이 들었다.

혹시 내게 일상의 작은 행복을 일깨워주기 위해 보일러가 잠시 멈췄던 걸까? 그럴 리 없다며 고개를 마구 흔들어 저었다. 보일러 때문에 받은 스트레스로 머리가 어지럽다가도, 일상의 소중함을 깨달은 듯한 기분이 들기도 했다.

침대에 누워서도 보일러에 대한 의구심은 쉽게 사라지지 않았지만, 따뜻한 물로 샤워한 덕분인지 금세 잠이 쏟아졌다.

"보일러야, 일상의 소중함을 잊지 않을 테니, 앞으로 넉 달 동안만은 부디 멈추지 말아줘. 제발! (다행히 보일러는 넉 달 동안 아무런 문제도 일으키지 않았고, 나는 그 후 온수가 펑펑 잘 나오는 집으로 이사했다.)"

혼삶러에게 보내는 응원

혼자 사는 삶에는 아무에게도 보이지 않는 고군분투가 있다.

싸늘한 방 안의 공기를 이겨내는 일, 주전자에 물을 끓여 대야에 붓고 찬물을 섞는 그 일련의 과정조차 누군가에겐 아무것도 아닐 수 있지만, 혼자 사는 이들에게는 오늘을 살아냈다는 증거다.

아무도 나 대신 씻어주지 않고, 아무도 내 하루를 대신 견뎌주지 않기에, 오롯이 혼자서 모든 것을 책임져야 한다.

만일 당신이 혼자여서 외롭다면, 이 말을 기억해 줬으면 좋겠다.

"혼자라는 건 누군가의 돌봄을 기다리는 게 아니라, 나를 지키는 방법을 스스로 배워가는 시간"이라고.

이웃집 케니 지

이사 전날, 엄마가 이사를 도와주러 왔다. 짐을 얼추 정리하고 슈퍼 싱글 침대에 나란히 누웠다. 엄마는 "냉장고 돌아가는 소리가 왜 이렇게 시끄럽니?"라며 투덜대더니, 곧 피곤했는지 곯아떨어졌다.

나는 9년 동안 살던 곳을 떠나 새로운 도시로 향한다는 생각에 아쉽고 설레서 좀처럼 잠들지 못했다. 그런데 갑자기 엄마가 낑낑거리더니 내 다리를 발로 차며 벌떡 일어났다.

"아, 아파! 엄마, 왜 그래?"

엄마는 꿈에서 누군가 내 원룸 현관문을 열고 들어와 침대에 올라오려 하길래 발로 차고 소리를 질렀다고 했다.

그 순간, 천장 쪽에서 콸콸콸 물 내려가는 소리가 울렸다. 윗집 화장실 소리였다. 엄마는 "왜 이렇게 방음이 안 되니?", "그래서 꿈자리도 사나웠나 보다. 넌 이런 집에서 어떻게 자냐?"며 질문을 퍼부었다.

나는 "살다 보니 익숙해졌지 뭐. 가끔 수영하는 꿈도 꿔"라고 웃어넘겼지만, 차마 말하지 못한 이야기가 있었다.

'엄마, 윗집 물소리는 아무것도 아냐. 진짜 문제는 옆집이야. 사랑이 넘치는 집이라 아주 화끈하거든. 오늘만큼은 조용했으면 했는데, 정말 다행이야.'

그렇게 '애정이 벽을 타고 흘러넘치던' 원룸을 떠나, 드디어 조용한 오피스텔에 입성했다. 첫날 밤, 깊고 조용한 잠을 잘 수 있었고, 엄마도 "이제야 사람 사는 집 같다"며 좋아하셨다.

복도를 사이에 두고 한쪽에는 세 집, 다른 쪽에는 내 집과 비상계단만 있어서, 누군가 비상계단에서 뛰거나 소리를 지르지 않는 한 고요한 밤을 누릴 수 있었다.

그때만 해도 이 건물이 방음이 잘되는 줄 알았다. 악기 연주가 시작되기 전까지는.

처음에는 주말 오후에만 간간이 들렸다. 리코더 같기도 하고, 색소폰 같기도 한 소리가 어딘가에서 울려 퍼졌다(사실 무슨 악기인지 잘 몰랐지만, 편의상 색소폰이라 부르기로 했다). 배운 지 얼마 되지 않은 듯, 연주라고 부르기에도 민망한 음들이 반복됐다. TV를 틀거나 음악을 틀면 잘 들리지 않아 크게 신경 쓰지 않았다.

색소폰 가락이 희미해질 무렵, 다시 연주가 시작되었다. 이제는 아리랑이나 성가곡도 연주할 정도로 실력이 늘었지만, 문제는 시간이었다. 자정이 다 되도록 멈추지 않았고, 소리도 점점 커졌다. 이 정도면 윗집 아니면 아랫집이 확실했다. 이어폰을 끼고 버텨보려 했지만, 그것도 며칠이지 매일 그렇게 할 수는 없었다.

소리의 출처를 찾으려고 현관문을 열고 나가면 연주가 멈추곤 했다. 관리소장님께 연주 자제를 요청했지만 달라진 건 없었다. 그러다가 결국 참다못해 밤 12시에 밖으로 나왔다. 위층부터 확인했지만, 조용했다. 두 층 내려가니 문 사이로 색소폰 소리가 우렁차게 흘러나왔다. 바로 아랫집이었다.

"잡았다, 요놈!"

문을 두드릴까 고민했지만, 층간 소음 기사들이 떠올랐다. 혹시 해코지라도 당할까 봐 겁이 났다. 늦은 시각이라 담판 짓기도 힘들었다. 어떻게 하면 저 아랫집 연주자에게 '당신 연주 때문에 고통받고 있다'라는 사실을 전할 수 있을까 고민하다, 내가 바로 그 민폐 연주자의 윗집임을 깨달았다.

'그래, 눈에는 눈, 이에는 이, 층간 소음에는 층간 소음이지.'

치사하지만 다른 방법이 없었다. 한쪽 발로 바닥을 세게 쿵쿵 쳤다. 쿵! 쿵! 쿵! 아랫집 연주자는 다행히(?) 내 메시지를 알아들었는지 즉시 연주를 멈췄다. 그날 밤, 나는 정말 오랜만에 깊은 잠을 잘 수 있었다.

그 후 '아랫집 케니 지'는 저녁 연주를 멈췄고, 주말 오후에도 소리는 희미했다. 악기에 소음 방지 장치를 쓴 것 같았다.

그의 열정에 찬물을 끼얹은 건 미안하지만, 조용한 집에서 살고 싶은 내 의지도 만만치 않다.

그렇게 평화가 찾아온 줄 알았는데, 이번엔 위층이다.

만족스러운 미소를 지으며 침대에 누워 TV를 보던 중, 위에서 드르륵드르륵 소리가 났다. 쿵쿵 소리도 들리고. 도대체 뭐 하는 소리일까? 집 안에서 하이힐이라도 신고 다니는 건가? 층간 소음에 너무 시달려 작은 소리에도 온 신경이 천장에 집중된다.

겨우 아래층이 조용해졌는데 이제 위층이라니. 이쯤 되면 천장을 쳐야 하나 싶다. 도대체 이 층간 소음에서 해방되는 날은 언제 오는 걸까?

제발, 조용히 좀 삽시다!

혼삶러에게 보내는 응원

혼자라는 것은, 때로 세상의 소음과 고요함 사이를 오가는 고된 여정일지도 모른다.

그 복잡한 소리 속에서 하루를 견디고 또 살아낸다는 사실 자체가, 이미 누구보다 강하다는 증거다.

완전한 고요함은 드물지만, 우리는 그 틈새를 찾아 자신만의 작은 평화를 만들어 간다.

오늘도, 어제보다 조금 더 나은 밤을 꿈꾸며 이 작은 방 안에서 당신은 충분히 잘 견디고 있다.

그래서 이 순간, 당신에게 조용히 전하고 싶다.

혼자라는 이름 아래서도, 당신은 절대 외롭지 않으며, 충분히 빛나고 있다고.

만약 내가 아무 연락도 없다면

스마트폰을 들여다보다가 "으어엇!" 하고 소리를 질렀다. 동료들이 "뭐야, 왜 저래?"라는 얼굴로 나를 바라봤다.

나는 배시시 웃으며 스마트폰 화면을 보여줬다.

"저, 잔여 백신 잡았어요. 백신 맞고 올게요."

수강 신청, 콘서트 예매보다 더 잡기 어려웠던 잔여 백신을 잡은 나는 1시간 안에 오라는 연락을 받고, 정신없이 차를 몰아 병원으로 향했다.

문진표를 작성하고 의사 선생님을 만나 형식적인 검진을 마친 뒤 곧바로 주사실로 이동했다.

주사기 바늘이 들어갔다가 순식간에 빠졌다. 너무 빨라서 "벌써 끝이에요?"라고 묻자, 간호사 선생님이 웃으며 말했다.

"이걸 맞으려고 그렇게 난리를 치는 거예요."

팔에 반창고 하나 붙이고 나왔지만, 1차 접종의 여운은 금세 잊혀졌다.

부작용? 다음 날 아침, 팔이 뻐근한 것과 약간의 두통(과음 다음 날 느끼는 것과 비슷한 수준)을 빼고는 별다른 불편함은 없었다. 금요일에 백신을 맞았는데, 일요일에 땡볕 아래서 무거운 필름 카메라를 들고 2만 보를 걷기도 했으니까. 나도 모르는 사이에 코로나바이러스에 걸렸던 건 아닌지 의심이 들 정도로 멀쩡했다.

시간이 흘러 2차 접종 일이 다가왔다. 그런데 이번에는 분위기가 사뭇 달랐다.

"화이자는 1차는 안 아픈데, 2차는 엄청 아프대."

"1차는 멀쩡했는데, 2차 때는 끙끙 앓았어."

나보다 먼저 백신을 맞은 친구는 2차 접종 때 며칠 끙끙 앓았고, 생리도 늦어졌다고 했다. 그러다 보니 백신을 맞고 응급실에 실려 가거나, 이미 돌이킬 수 없게 된 이들의 기사가 유난히 자주 보였다.

사실, 아픈 건 무섭지 않았다. 몸에 균이 들어오는데, 당연히 아플 수밖에.

정말로 내가 두려운 건, 나를 돌봐 줄 사람이 없다는 것이었다. 만약 내가 119에 전화라도 할 수 없는 상황이라면? 한밤중에 자다가 위급 상황이 벌어진다면? 정말로 내가 잘못된다면 어떻게 해야 하냔 말이다. 이 동네에 아는 사람이라고는 직장 동료들밖에 없는데(하지만 그들도 내 집 주소까지는 모른다).

그 무렵, 나는 일주일 가까이 불면증에 시달리고 있었다. 두 시간쯤 자는 둥 마는 둥 하면, 아침부터 가슴이 쿵쿵 뛰고 심장은 몸 전체를 울렸다.

커피를 마시지 않아야 조금이라도 수월하게 잠을 잘 텐데, 커피를 마시지 않으면 일을 할 수 없었다.

불안과 수면 부족 속에서 2차 백신 접종 일은 점점 다가왔다.

의사 선생님은 "괜찮을 겁니다"라고 했지만, 사람 일은 모르는 법. 백신을 맞고 15분 정도 기다리는 동안 인스타그램에 게시물을 하나 올렸다.

"여러분, 저 백신 맞습니다. 혹시 모르니까 미리 말할게요. 그동안 고마웠어요. 다음 생에 또 만납시다."

누군가는 "쟤 왜 저래. 관종 아냐?"라고 했을지도 모르지만, 그때 나는 정말 유서를 쓰는 심정이었다(약간의 엄살을 섞긴 했지만). ─ 혹시 며칠 동안 연락이 없으면, 한 번쯤은 괜찮은지 확인해줬으면 했기 때문이다.

다행히 혼자 사는 친구들은 그런 나를 '엄살'로만 보지 않았다. 한 지인은 혹시나 자기가 잘못되면 자신의 트위터 계정을 지워 달라고 부탁했다(아이디도 모르는데?). 나는 트위터는 하지 않지만, 그 마음을 백 번 이해할 수 있었다. 우리가 인터넷상에 쏟아놓은 것들이 얼마나 많은가. 나는 이런 뒤처리 사업도 꽤 괜찮은 아이템 같다며 고개를 주억거렸다.

또 다른 지인은 119 구급대가 집에 도착했을 때 집이 너무 엉망일까 봐 걱정된다고 했다. 아픈데 그럴 정신 있어? 싶다가도 내 집을 떠올리니 그것도 이해가 됐다. 나 역시 핑크색 수면잠옷을 입은 채로 응급실에 실려 갔다가, 그 옷 그대로 퇴원하는 상상을 하곤 하니까.

이렇게 우스갯소리를 할 수 있는 건, 2차 접종을 무사히 마쳤기 때문이다.

숨쉬기가 조금 불편하고 무기력하긴 했지만, 대체로 괜찮았다. 팔도 거의 아프지 않았다.

그러나 한 직장 동료는 본가에서 지내기를 택한 것이 신의 한 수였을 정도로 호되게 당했다. 집과 본가가 차로 2시간 정도였기에 가능한 일이었다. 기차, 고속버스, 비행기를 타야 본가에 갈 수 있는 나와 다른 동료들은, 아프지 않아 다행이라며 며칠 동안 서로 안부를 주고받았다.

끝난 줄 알았는데, 어느새 3차 접종 시기가 다가왔다.

다시금 불안이 스멀스멀 올라온다. 이번에도 주변 사람들에게 안부를 전하는 척하면서, 내 안부도 물어봐 달라고 해야겠다.

"혹시라도 내가 며칠간 아무 연락이 없다면, 한 번쯤 연락해줘. 핑크색 수면용 잠옷을 입은 채로 병원에 실려 갔다가 그대로 퇴원하고 싶진 않으니까."

혼삶러에게 보내는 응원

아프면 서럽고, 혼자면 겁이 난다.
그 마음을 혼자 사는 이들은 너무도 잘 안다. 그래서 이따금 말없이 건네는 메시지 하나, 무심한 듯 보이는 안부 한 줄이 우리를 버티게 한다.
혼자여서 불안한 이 밤에도, 누군가가 나를 기억하고 있다는 믿음이 잠 못 이루는 마음에 작지만 따뜻한 불을 밝혀줬으면 한다.
당신도, 나도, 그리고 우리는 혼자가 아니다.
오늘도 그렇게, 우리는 모두 잘살고 있다.

이 도시에 집이 있다는 건

광역버스가 한남대교를 빠져나갈 때면, 창밖으로 펼쳐진 건물 숲을 바라보며 생각했다.

"저렇게 회사가 많은데, 내가 들어갈 곳 하나쯤은 있겠지?"

다행히 직장인이 되긴 했다(물론 한남대교에서 바라보던 건물에서 일하진 못했지만). 하지만 출근길에 보이는 풍경은 또 다른 고민거리를 안겨주었다.

"나도 저런 집에서 살 수 있을까?"

나처럼 타지 생활을 하는 이들에게, 이 도시에서 가족과 함께 산다는 건 '특권'처럼 느껴진다. 출발선이 애초에 다르기 때문이다.

아이러니하게도, 이 도시에서 가족과 함께 사는 사람들 중엔 혼자 사는 나를 부러워하는 이들도 꽤 있다. 그 마음 역시 어느 정도는 이해할 수 있다. 가족과 같이 사는 건 결코 쉬운 일이 아니니까. 나 역시 가족과 화목하게 지낼 수 있는 건 최대 3일 정도다. 하지만 나는 그런 이들에게 이렇게 말하고 싶다.

"일단 있을 수 있을 때까지 집에 계세요. 집 떠나면 진짜 고생이에요. 숨만 쉬어도 돈이 나간다고요. 그러니까, 모을 수 있을 때까지 진짜 긁어모으세요!"

가끔 상상해본다. 이 도시에서 태어나 쭉 가족과 함께 살아왔다면, 내 삶은 어땠을까? 아직 부모님 밑에서 어리광 부리며 살고 있을까?

어쩌면 진작에 결혼도 하고 아이 엄마가 되었을 수도 있다. 또 악착같이 돈을 모아 내 명의의 집 한 채쯤은 마련했을 수도 있다. 하지만 지금의 나는, 고작 침대 하나만 놓으면 움직이기조차 버거운 작은 방에서 소파도 아닌 침대 위에 앉아 이 글을 쓰고 있다.

시간이 날 때마다 부동산 앱을 들여다본다. 그런데 시간이 갈수록 집과 나 사이의 거리는 점점 멀어진다. 그것도 굉장히 빠른 속도로. 아무리 악착같이 모아도, 집값이 오르는 속도를 도저히 따라잡을 수가 없다.

재계약을 안 해줄까 봐, 전셋값이 또 오를까 봐, 대출이 막힐까 봐 하루하루 전전긍긍하며 사는 삶이 서럽고 아프다. 그런 불안이 내 유일한 선택지이고, 그게 내 미래일지도 모른다는 사실이 나를 더 초조하게 만든다.

아무 걱정 없이, 마음 놓고 살 수 있는 집이 이 세상에 정말 존재하긴 할까? 제대로 된 집을 찾을 수나 있을까? 그리고 이런 세상에서 과연 돈을 모으는 게 가능하긴 한 걸까?

답이 보이지 않는 질문들 속에서 한숨은 깊어지고, 가슴엔 불안만 쌓여간다.

이 모든 게 어른이 되어가는 과정이라 여겨야 할까?

작은 집에 살면 마음도 작아진다던데, 어른이 되는 일은 참 어렵다. 마음이 넓고, 내 집까지 있는 어른이 되는 건 더더욱.

혼삶러에게 보내는 응원

"난 말이야, 모든 걸 잃어도 이런 집만 있으면 처음부터 다시 시작할 수 있어."
2022년에 방영된 드라마 《작은 아씨들》에 나오는 대사다. 스토리와 결말은 흐릿해졌지만, 이 대사만큼은 또렷이 기억에 남는다. 언젠가 나도, 그런 말을 담담히 읊을 수 있는 날이 오기를 바란다.

아이 엄마도 아니고, 견주도 아니어서

올해 초 이사 온 이곳은 이전 동네보다 훨씬 조용하고, 가로수와 공원이 많아 한결 여유롭다.

이전 집 근처에도 공원이 있긴 했지만, 한 바퀴 도는 데 5분도 채 걸리지 않아 늘 같은 풍경만 마주해야 했다. 그렇지 않으면 귀를 찌르는 소음을 견디며 왕복 6차선 도로 옆 인도를 걸어야 했다. 소리에 예민한 내겐, 도무지 걷기 좋은 환경이 아니었다.

지금 사는 곳 주변에는 아파트 단지 사이로 걷기 좋은 길이 나 있다. 중간중간 벤치가 있어 다리가 아프면 잠시 앉아 쉴 수 있고, 그 옆으로는 자전거 도로도 이어진다. 그 너머로는 나무들이 빽빽

이 들어서 있어, 아파트 단지 풍경치고는 그리 삭막하지 않다.

　나는 이 길을 즐겨 걷는다. 길을 따라 초등학교 두 곳, 중학교 하나, 고등학교 하나를 지나고, 두 개의 건널목을 건넌다. 크고 작은 공원 세 곳도 지난다. 그렇게 걷고 나면 대략 4킬로미터쯤 된다.

　길지 않은 거리지만, 그 길 위에서 나는 연한 이파리 사이로 스미는 햇살을 보았고, 밤이 되면 더 아름다워지는 배롱나무꽃도 보았다. 나무에 붙어 맹렬히 울다가 서늘한 바람에 떨어져, 배를 드러낸 채 누운 매미도, 붉게 익어가는 이름 모를 열매들도, 수북이 쌓였다가 다음 날이면 감쪽같이 사라지는 낙엽들도 눈에 담았다.

　많이 먹어 소화가 안 될 때, 글감이 도무지 떠오르지 않을 때, 하루 3천 보도 걷지 않았음에 뜨끔했을 때, 다시는 보고 싶지 않다가도 평생 괴롭히고 싶은 사람이 떠오를 때, 어제는 웨이트를 했으니 오늘은 걷자고 마음먹을 때, 인생의 짧은 계획을 머릿속으로 그릴 때⋯

　나는 언제나 이 길 위에 있었다. 걷는 걸 특별히 좋아해서가 아니다. 몸이 멈추면 마음도 함께 멈춰버리기 때문이다.

이 도시에는 나처럼 이 거리를 즐기는 사람이 많다. 그들은 가족이나 친구와 함께 배드민턴을 치고, 자전거를 타고, 그네 모양의 벤치에 앉아 도란도란 이야기를 나눈다.

아이를 놀게 해두고 잠시 한숨 돌리는 젊은 엄마들도 자주 보인다. 그들은 나보다 조금 나이가 많을 수도 있고, 동갑이거나 어쩌면 더 어릴 수도 있다.

이제 나는 그런 나이가 되었다. 하지만 그들 사이에 쉽게 끼지 못한다. 그들과 나는 다른 세계에 살고 있기 때문이다.

그들은 출산과 육아의 고단함부터 아이 교육에 관한 이런저런 얘기를 나눌 것이다. 그런 경험이 없는 나는 그들의 대화에 함부로 끼어들 수 없다. 설령, 대화에 끼게 된다 해도, 쉽게 공감할 수 없고, 함부로 위로할 수 없기에 형식적인 고개 끄덕임만 하다, 어느새 지나가는 사람들을 바라보며 또다시 혼자만의 공상에 빠질 게 뻔하다.

조금 더 걷다 보면 개와 산책하는 사람들이 눈에 띈다.

나는 밤눈이 어두운데도, 멀리서 개처럼 생긴 실루엣만 보이면 마스크 안에서 나도 모르게 미소가 번진다. 세상에 개처럼 조건 없이 인간을 사랑해 주는 존재가 또 있을까?

개는 뭘 해도 귀엽지만, 특히 낯선 개들끼리 만나 코를 맞대고 킁킁대는 모습은 보기만 해도 웃음이 지어진다.

얼마 전엔 비숑 네 마리가 서로 냄새를 맡으며 장난치는 장면을 봤다. 그 모습이 너무 귀여워 주변 사람들도 걸음을 멈추고, 개들의 작은 '대화'를 조용히 지켜봤다. 그 사이 견주들은 가볍게 말을 섞으며 어느새 동네 친구처럼 가까워졌다.

나도 이번에 이사하면서 반려동물을 키워볼까 싶어 유기동물 입양 앱을 설치해 봤다. 하지만 곧 포기했다. 내가 집을 비우는 동안 그들에게 닥칠 외로움이 선명하게 떠올랐기 때문이다. 외로운 존재는 나 하나로도 충분하다.

아기 엄마도, 견주도 아닌 나는 그저 혼자 사는 여자다. 물론 이런 정체성이 아니어도 사람을 잘 사귀는 이들도 있지만, 나는 새 친구를 만드는 데에 재능이 없다. '아는 사람'과 '친구', 그리고 '친한 친구' 사이에는 나만의 높고 단단한 경계가 있어서, 그 선을 넘는 사람은 드물다. 게다가 친한 친구들과는 이제 물리적인 거리마저 멀어져 버렸다.

결국, 나는 혼자 걸을 수밖에 없다. 쉽게 들어갈 수 없고, 한번 들어가면 함부로 빠져나올 수도 없는 숲 사이, 그 좁고 고요한 길을 걷는다. 오직 내 발소리와 마스크 너머로 새어 나오는 숨소리만을 들으며.

언젠가 나도 그들 중 하나, 혹은 둘 다의 세계에 발을 들이게 될까? 가볍게 의심하면서.

혼삶러에게 보내는 응원

출근길에 주인을 잃은 강아지를 발견했다. 산길을 며칠이나 헤맸는지, 하얀 털이 꼬질꼬질했고 냄새도 꽤 고약했다. 그런데 내장 칩이 없어 주인에게 연락할 방법이 없었다.

할 수 없이 "당근마켓에 유기견의 주인을 찾습니다"라는 글을 올렸고, 강아지와의 동거가 시작되었다. 집 안에서 반려동물을 키우는 건 처음이었다.

강아지는 생각보다 사생활이 없었다. 혼자 두면 불안할까 싶어 회사에 양해를 구하고 함께 출근했고, 매일 산책도 하고 수십 장의 사진도 찍었다.

그걸 며칠 하다 보니 더는 감당할 수 없겠다는 생각이 들어, 결국 시에서 운영하는 유기견 보호소에 맡기게 되었다. 보호소 문을 닫고 나오는 데, 눈물이 쏟아졌다.

다행히 내가 당근마켓에 올린 글을 뒤늦게 본 주인이 다음 날 강아지를 데려갔다는 소식을 들었다.

불과 4일의 만남이었지만, 반려동물을 키우는 일은 결코 가벼운 일이 아니라는 사실을 깨달았다.

"세상의 모든 견주분들, 존경합니다."

나를 위한 도시락

올해 들어 새로 생긴 취미가 있다. 바로 도시락 싸기.

원래도 회사 근처에 마땅한 식당이 없어 종종 음식을 챙겨 다녔지만, 주로 컵밥이나 냉동 도시락, 컵라면 같은 간편식 위주였다. 그마저 질리면 차를 몰고 근처 식당으로 향했다.

몇몇 크고 작은 프로젝트를 마친 뒤, 매일 같은 음식을 먹다 보니 무기력감이 쉽게 가시지 않았다. 주말도 마찬가지였다. 집과 회사만 오가는 반복된 일상 탓인지, 어디를 가도 의욕이 생기지 않았다. 내 안에서 뭔가가 계속 새어 나가 텅 빈 듯한 기분이었다.

무엇이 문제일까? 내 마음과 감정에 끊임없이 질문을 던졌고,

결국 답을 찾았다.

내게는 성취감이 없었다. 직장인이 아닌 '나'로서 느끼는 성취감 말이다.

운동을 시작했다. 요가 수업을 신청했고, 동생의 추천으로 달리기도 시작했다. 출근 전엔 짧게 달리고, 퇴근 후엔 요가원으로 향했다.

운동을 하다 보니 아무 음식이나 먹을 수 없었다. 몸에 미안했기 때문이다. 냉동실에 쌓여 있던 간편식들을 정리하고, 도시락을 직접 만들어 보기로 했다.

마트에 들러 당근, 버섯, 시금치, 방울토마토, 살치살을 사왔다. 올리브유를 두르고 채소와 고기를 구웠다. 노란색 도시락통 한켠에 현미밥을 담고, 나머지 공간에는 정성껏 구운 채소들과 고기, 방울토마토를 차곡차곡 담았다.

별것 아닌 도시락이었지만, 냉동식품에선 느낄 수 없던 다채로운 색감만으로도 기분이 좋아졌다. 재료 본연의 맛을 온전히 느낄 수 있다는 것도 좋았고.

그렇게 도시락을 싸다 보니 어느새 80번이 넘었다. 처음에는 단순한 구성이었지만, 지금은 토르티야 롤, 샌드위치, 김밥, 쌈밥, 수프, 감자탕 등 메뉴가 점점 다양해졌다.

요즘은 고기양을 줄이고 제철 채소를 적극 활용해 채식 위주로 준비한다.

도시락을 다 싸면 식탁 위에 올려놓고 사진을 찍어 SNS 도시락 계정에 올린다. 처음엔 나를 위한 기록이었지만, 어느새 팔로워도 늘고, 내 메뉴를 따라 하는 사람도 생겼다. (나 역시 다른 이들의 도시락을 보며 아이디어를 얻기도 한다.)

가끔 "도시락 준비가 힘들지 않냐?"라는 질문을 받곤 한다. 하지만 나에겐 먹는 시간보다 메뉴를 고민하는 시간이 더 즐겁고 설렌다. 나 자신을 위한 일이기에, 이 정도 수고쯤은 기꺼이 감수할 수 있다.

운동을 하고 몸에 좋은 음식을 먹는다고 무기력이 완전히 사라지는 것은 아니다. 다만 분명한 건, 괴로운 시간을 견디는 힘이 생겼다는 것이다. 감기몸살 한 번 없이 계절을 건넜고, 여름마다 찾아오던 어지러움도 올해는 오지 않았다.

  그 힘이 과연 어디서 왔을까? 단순히 체력이 좋아져서일까? 물론 그 영향도 있겠지만, 나는 그것보다도 추위와 더위, 빛과 바람, 눈과 비를 견디며 자란 제철 식재료의 힘이라고 믿는다. 그 힘이 그걸 먹는 내게도 전해진 것이고. 그러고 보면 "먹는 것이 곧 자기 자신"이라는 말은 단지 음식 가격이 내 사회적 지위를 말해준다는 뜻이 아니라, 좋은 재료로 나를 채우라는 뜻이 아닐까싶다.

  지금 나는 건강하고, 행복하며, 이 순간에 만족하고 있다. 아울러 도시락을 만들며 얻은 다채로운 기운이, 내 일상도 조금씩 다채롭게 물들여 주길 바란다. 그리고 앞으로 좌절하거나 무너질 일이 찾아온다 해도, 나는 여전히 도시락을 만들고, 먹을 것이다. 도시락 속 재료들의 힘과 내 안에 있는 회복 탄력성을 믿으면서.

혼삶러에게 보내는 응원

나 자신을 위한 작은 수고 하나는, 곧 내가 나를 얼마나 아끼는지를 보여주는 증거이다. 거창한 도시락일 필요는 없다. 한 달에 한 번쯤은 직접 재료를 고르고, 메뉴에 맞게 손질하고, 오직 나를 위한 한 끼를 준비하는 것만으로도 충분하다. 밑반찬 몇 가지만 만들어 두어도 기분이 달라진다.

위로가 필요한 날, 배달 앱 대신 간단하지만 따뜻한, 나를 위한 요리를 해보는 건 어떨까?

잘 살아요, 우리

"y 샘, 식사하셨어요?"

"아, 저 우유 마셨어요."

"또요?"

직장 동료 y 샘은 독립한 지 이제 막 두 달 된 '독립계의 샛별'이다. 현모양처가 꿈인 그녀는 독립하면 매일 요리를 할 거라고 호언장담했지만, 나는 그 다짐을 반만 믿었다. 그게 얼마나 어려운 일인지 누구보다 잘 아니까.

아니나 다를까. 자취를 시작한 지 두 달이 지났지만, y 샘은 단

한 번도 요리를 해본 적이 없다고 했다.

"끼니는 어떻게 해결해요?"라고 물었더니, 아침엔 우유 한 잔, 점심 저녁은 친구들이 놀러 와서 주고 간 과자, 혹은 외식으로 때운단다.

자취 경험이 꽤 있는 다른 동료들과 내가 걱정스러운 눈빛을 보내자, 그녀는 "이번 주말에는 고기 먹을 거니까 괜찮아요!"라고 덧붙였다. 그 말에 오히려 더 걱정스러워졌다.

y 샘이 아직 요리를 시작하지 못한 이유 중 하나는 조리 도구가 제대로 갖춰지지 않았기 때문이다. 밥솥도 없고, 전자레인지도 없다.

혼자 사는 사람에게 전자레인지가 없다는 건 토르에게 묠니르나 스톰브레이커가 없는 것과 같다. 물론 가스레인지와 냄비, 팬만으로도 뚝딱 한 끼를 해결하는 자취 고수들도 있지만, 갓 자취를 시작한 초보자에게 그건 이제 막 숫자를 배운 아이에게 미적분 문제를 풀라는 것과 다름없다.

"괜찮아요. 저 엄청 건강해요. 감기도 거의 안 걸려요."

"y 샘, 저도 예전엔 그랬어요."

 나도 한때는 먹는 걸 대수롭지 않게 여겼다. 같이 밥 먹을 사람이 없으면 그냥 굶었고, 몇 달 동안 컵라면과 편의점 음식으로만 버틴 적도 있다. 그런데도 감기는 일 년에 한 번 걸릴까 말까였고, 몸에 별다른 이상도 없었다. 하지만 그 시절은 오래가지 않았다.

 시간이 흐르면서 몸이 달라지기 시작했다. 감기에 걸리는 횟수가 점점 늘었고, 한 번 걸리면 보름 넘게 앓았다. 그게 다가 아니다. 위염, 장염, 역류성 식도염이 번갈아 찾아왔고, 얼굴에는 원인을 알 수 없는 트러블이 올라왔으며, 병원도 내과를 넘어 다양해졌다.

 병원에서는 늘 비슷한 말을 들었다.

 "자극적인 음식과 술은 피 할 것. 삼시세끼 규칙적으로 챙겨 먹고, 폭식하지 말 것(하루 종일 굶다가 한 끼 폭식하는 것도 폭식이라고 했다)."

 그제야 비로소 알게 되었다. 먹는 일이 얼마나 중요한지.

 혼자 산다는 건 생각보다 많은 에너지가 필요한 일이다. 청소부터 빨래, 식사, 쓰레기 버리기 같은 일을 스스로 해야 하기 때문이다. 하지만 그보다 더 어렵고 중요한 일이 있다. 바로 '나를 챙기고 돌보는 일'이다.

혼자 산다는 건 부모의 허락 없이 매일 밤 파티를 즐기는 게 아니라, 내가 어떤 사람인지 알고, 나를 어떻게 대해야 하는지 배워가는 일이기도 하다. 즉, 혼자 산다는 건 자유를 누리는 일이기도 하지만, 그 자유를 어떻게 다룰 줄 아는지 배우는 일이다.

내 삶의 목표는 '잘 사는 것'이다. '잘 산다'라는 말의 정의는 사람마다 다르겠지만, 분명한 건 내 자신을 대충 대하지 않겠다는 것이다.

요즘 나는 매일 요리하고, 도시락을 싸서 출근한다. 계절마다 제철 재료를 챙겨 먹으려 하고, 조금 더 다채롭게 먹어보려 요리책도 몇 권 읽었다. 일주일에 세 번 이상은 운동하고, 영양제도 꼬박꼬박 챙겨 먹는다. 스마트워치로 컨디션을 살피는 것도 잊지 않는다.

이렇게 써놓고 보니 건강을 되찾고 새 삶을 얻은 중년의 간증처럼 들릴 수도 있다. 하지만 어쩌겠는가. 내가 하고 싶은 일들을 오래 하려면 건강과 체력이 필수인 것을.

y 샘은 당분간 '자신을 괴롭히는(?)' 방식으로 살 것이다. 하지만 그것도 나쁘지 않다. 나도 그랬고, 그렇게 하다 보면 결국 알게 될 테니까.

y 샘 역시 언젠가 자취 고수가 되어 있을 것이다. 안쓰러운 마음에 이것저것 조언해줬지만, 어쩌면 지금 내가 해야 할 일은, 그녀가 막 내디딘 삶을 조용히 응원해 주는 일일지도 모른다.

내가 많이 아끼고 좋아하는 그녀가 잘 살기를 바란다. 나 역시 그러하다.

"y 샘, 우리 잘 살아 봐요. 오래오래."

혼삶러에게 보내는 응원

인터넷에서 '자취하면 안 되는 사람의 특징'이라는 글을 보게 되었다.
"요리가 미숙한 사람, 규칙적인 생활이 어려운 사람, 외로움에 취약한 사람…"
어릴 적 내 모습과 무척 닮아 있었다.
이런 특징을 가진 사람은 혼자에 익숙해지기까지 남들보다 조금 더 긴 시간이 필요하다. 그러니 그런 특징을 가지고 있는 사람이 있다면 실망하지 말 것! 그런 나도 잘 살고 있으니까.

우리가 우리임을 잊지 않기 위해

하늘이 온통 잿빛이던 어느 11월, 외국에서 유학 중이던 지인은 언어 장벽 탓에 깊은 외로움을 겪고 있었다.

"나도 요즘 고립된 기분이야."

내가 그렇게 말하자, 그는 잠시 침묵하더니 이렇게 말했다.

"그래도 넌 한국에 살잖아."

"내가 느끼는 고립감도 너와 크게 다르지 않아"라고 말하고 싶었지만, 입을 다물었다. 외국에서 살아본 적 없는 내가 감히 꺼낼 이야기는 아니었기 때문이다. 아마 지인도 내 말에 위로보다는 거리감을 느꼈는지, 그 후로는 같은 지역에 사는 한국인들과 더 자주 어울렸고, 나 역시 고립감과 씨름하느라 그를 천천히 잊어 갔다.

혼자 사는 삶에는 가끔, '누구도 만나지 않고 단 한마디도 말하지 않는 날'이 찾아온다. 처음엔 오히려 안도감과 평화가 느껴진다. 하지만 시간이 흐를수록, 그 고요는 점점 허전함으로 바뀐다.

휴대폰 연락처를 아무리 훑어봐도 내 이야기를 나눌 사람이 없을 때, 망설임 없이 '밥 먹자'고 말할 수 있는 사람이 떠오르지 않을 때, 며칠 동안 내가 한 말이 "고맙습니다"와 "안녕히 계세요"뿐이라는 걸 깨달을 때… 그제야 비로소 깨닫는다. 내가 얼마나 고립되어 있는지. 부표 하나만 붙잡고 망망대해에 홀로 떠 있는 기분이랄까.

처음엔 내가 좀 더 단단해지면, 이런 감정쯤은 견딜 수 있을 거야라고 생각했다. 그래서 혼자서도 잘 지내는 척했고, 명랑한 얼굴로 사람들을 대했다. 그러다 집에 돌아와서는 불안과 슬픔에 엉엉 울었다.

지금 돌이켜보면, 그건 강함이 아니라 강한 척하는 어린아이의 허세였다. 하지만 그땐 그것밖에 할 수 없었다. 그 허세마저 없었다면, 세상에 나를 지켜줄 방패는 아무것도 없었으니까.

불과 몇 년 전까지만 해도, 여자 혼자 산다고 하면 가엾다는 눈빛이나, 반감을 담은 시선을 받기 일쑤였다. 나는 그 시선들 앞에서 지고 싶지 않았다. 그래서 연약한 살 위에 단단한 껍질을 덧씌웠고, '나는 강해졌다'고 믿었다.

그러다 어느 가을날, 아무런 예고도 없이 툭— 하고 부러졌다. 평소처럼 잠에서 깼을 뿐인데 숨이 막혔다. 보이지 않는 거대한 벽이 나를 가로막고 있는 느낌이었다.

나는 또다시 고립되어 있었다. 술 없이는 잠들 수 없었고, 출퇴근길엔 이유 없이 눈물이 났다. 가까이 지내던 친구들도 있었지만, 취직하면서 먼 곳으로 이사 온 터라 도움을 청할 곳이 없었다. 결국 병원을 찾았고, 의사 선생님과 긴 시간을 들여 마음의 조각들을 하나씩 맞춰 갔다.

그제야 깨달았다. 혼자만으로는 강해질 수 없다는 걸, '우리'가 필요하다는 걸.

회사 일로 1~2년마다 이사를 반복했던 나는 친구만으로는 나와 '우리'를 지킬 수 없다는 걸 알게 되었다. 그래서 동네에서 자주 가는 장소들을 만들기 시작했다.

느슨한 커뮤니티—책과 콩나무 같은—를 통해 내 삶을 지탱할 사회적 연결망을 쌓아 올렸고, 프랜차이즈 대신 동네 카페, 단골 헤어숍, 걸어서 갈 수 있는 요가원에 다녔다.

그렇게 삶의 반경이 넓어졌고, 내가 기댈 수 있는 사람과 공간이 조금씩 생겨났다. 가족, 친구, 의사 선생님은 늘 내 손을 다시 해안가로 끌어올려 주었다. 그들은 늘 내 손을 잡을 준비가 되어 있었지만, 나는 스스로 살아갈 힘도 기르고 싶었다. 좁았던 내 삶의 반경을 넓히고 싶었기 때문이다.

사회생활을 통해 사회성은 익혔지만, 여전히 낯을 가리고 타인을 대할 때는 긴장했다. 그러다 보니 겉으로는 여유로운 척했지만, 속으로는 식은땀이 흐를 정도였다.

그런 내가, 몇 년 전부터는 낯선 사람과 낯선 장소를 찾아다니기 시작했다.

첫 시작은 독서 모임이었다. 가입비가 있는 모임이었기에, 책을 진심으로 좋아하는 사람들만 있었다. 자연히 대화의 깊이나 취향도 풍부했다.

그곳에서 나는 평소라면 접하지 않았을 책과 영화들을 알게 되었고, 평생 마주칠 일 없었을 사람들을 만났다. 그러면서 나를 확장하고, 다름을 이해하는 법을 배웠다.

타인과의 활동에 익숙해질 무렵, 글쓰기 모임에도 나가기 시작했다.

PT숍, 필라테스 센터에도 등록해 운동했다(평소에는 혼자서 운동하는 편이다).

처음에는 모르는 사람과 한 공간에 있는 게 어색하고 불편했지만, 곧 타인과 잘 지내는 내 안의 힘을 발견했다. 하지만 직장이 바뀌며 다시 다른 지역으로 이사를 해야 했고, 코로나19로 독서 모임이나 봉사활동도 어려워졌다. 그런데도 예전보다 고립감을 덜 느꼈다.

지금 사는 곳은 주거 지역이라 프랜차이즈보다 개인 카페, 1인 헤어숍, 작은 식당, 작은 서점 등이 많다.

그곳에 자주 가다 보니 점점 아는 얼굴이 늘었다. 생긴 것과 달리 정이 많은 나는, 가끔 본가에서 받은 농산물을 그들과 나누기도 한다.

나는 이제 안다. 나 자신을 잊지 않기 위해선, 혼자가 아니라 '우리'가 필요하다는 걸. 내가 '나'이기 위해서는, 적당한 거리의 '우리'가 필요하다는 사실을.

혼삶러에게 보내는 응원

사람들에게 먼저 다가가는 일은 생각보다 쉽지 않다. 나 역시 그럴 때마다 "모든 사람은 저마다 외로운 구석이 있다"고 스스로 다독인다.

겉으로는 모두 잘 지내는 듯 보여도, 누군가는 혼자라는 이름으로 수많은 밤을 견디고, 아무도 모르게 눈물을 삼키고 있을지 모른다.

혼자라는 생각이 들 때, 용기를 내어 사람들을 향해 단 한 걸음 내디뎌 보자.

그 한 걸음 너머에서 우리를 따뜻하게 맞아줄 온기와 손길을 만날 수 있을지도 모른다.

혼삶 회복력 자가 진단 테스트
당신의 멘탈은 얼마나 회복탄력성이 있을까?

혼자 사는 삶은 자유롭다.
하지만 그만큼, 감정의 균형을 스스로 지켜내야 한다.
지금 당신의 회복력은 어느 정도일까?
아래 항목을 체크해 보고, '예'라고 답한 항목의 개수를 확인해 보자.

1. 나에게 서운한 말을 한 사람을 며칠씩 곱씹는다.   예☐ 아니오☐
2. 힘든 일이 생기면 혼자 감당하려 한다.   예☐ 아니오☐
3. 무기력할 때, '이래선 안 되지'라며 자책한다.   예☐ 아니오☐
4. 감정이 바닥일 때면 배달앱에 가장 먼저 손이 간다.   예☐ 아니오☐
5. 위로받고 싶지만, 누구에게 연락할지 모르겠다.   예☐ 아니오☐
6. 실수하거나 실패하면 한동안 아무것도 하기 싫어진다.   예☐ 아니오☐
7. 하루에 한 번 이상 '내가 왜 이러지?'라는 생각을 한다.   예☐ 아니오☐
8. 퇴근 후 집에 오면 불도 안 켠 채 멍하니 누워 있는 시간이 길다.   예☐ 아니오☐

결과 보기
0~2개: 멘탈 회복력 만렙!
혼자서도 감정과 일상을 잘 정리하는 당신!
스트레스가 쌓여도 나름의 루틴으로 잘 털어내고 있군요.
이 페이스를 계속 유지해보세요.

3~5개: 균형이 필요한 시기!
가끔은 외롭고, 또 가끔은 우울하기도 한 당신!
작은 습관 하나로 회복력을 키워보세요.
감정 일기나 주말 산책도 꽤 도움이 됩니다.

6개 이상: 혼삶 번아웃 주의보!
지금 당신의 마음은 잠시 휴식이 필요합니다.
아무에게도 말 못 했던 감정을 토닥일 수 있도록,
가장 먼저 '나에게' 친절해져야 할 때입니다.

혼삶 회복력을 높이는 루틴 팁

1. 감정을 체크리스트처럼 기록하기
    - » 하루 한 줄 감정 일기쓰기 – "오늘 나는 어떤 기분이었을까?"

2. 의식적인 루틴 만들기
    - » 퇴근 후 조명 켜기 → 옷 갈아입기 → 좋아하는 음악 듣기 → 물 한 잔 마시기 등과 같은 루틴은 소소하지만 강한 리셋 버튼이 되어준다.

3. 내 감정을 '이해'하는 연습하기
    - » "지금 힘든 이유가 뭘까?" 스스로에게 자주 물어보자. 굳이 답을 찾지 않아도, 묻는 행위 자체가 회복의 시작이 된다.

에필로그

그럼에도 잘 살아가는 중입니다

어느 날 밤, 꿈을 꾸었다.

나는 달리는 기차 안에 있었다. 모르는 사람들이 자리에 앉아 창밖을 보거나, 서로 이야기를 나누고 있었다.

얼마쯤 시간이 흘렀을까. 기차는 어느 역에 도착했고, 몇몇 사람이 짐을 챙겨 내렸다. 그리고 다시 다음 역을 향해 천천히 움직였다. 그런 장면이 반복되었다. 타는 사람은 없고, 내리는 사람만 있었다.

어느새 기차 안에 앉아 있는 사람은 나 혼자뿐이었다. 그 사실을 깨닫자, 불안이 밀려왔다.

"어디서 내려야 할까?"
"지금 어디로 가고 있는 걸까?"

두려웠다. 하지만 곧 생각을 고쳐먹기로 했다.
"기차의 종착역이 틀림없이 있을 거야. 그리고 나 역시 이 기차에서 언젠가는 내려야 할 거야. 다만, 아직 때가 되지 않았을 뿐이야."
그러고는 고개를 돌려 창밖으로 스치는 풍경을 바라보았다.

꿈은 그렇게 끝났다.
혼자 사는 이야기를 써야겠다고 마음먹은 지 얼마 되지 않아 꾼 꿈이었다. 나는 이 꿈을 에필로그에 쓰기로 했다. 분명히 내 이야기였기 때문이다.
하루하루가 여행 같았던 타지살이. 종착역도, 도착 시간도 알 수 없는 막연한 삶. 우르르 나타났다 우수수 사라지는 사람들, 그리고 혼자 남은 나…

혼자에 익숙해졌다고 생각했지만, 여전히 외로웠던 것이다.

이 책에 실린 글을 쓰고 난 뒤, 내 삶에도 많은 변화가 있었다.

먼저, 아빠의 몸에서 암이 발견되었다. 부모님과 함께할 시간이 얼마 남지 않았을지도 모른다는 생각에 회사를 그만두고 고향 제주로 내려왔다.

혼자 사는 데 익숙해져 있던 나는, 이번엔 타인과 사는 데 익숙해져야 했다. 그것 역시 쉽지 않은 일이었다.

함께 밥 먹고, 농사일을 돕고, 생일 파티를 하고, 동영상을 찍고, 틈날 때마다 곶자왈을 걸으며, 오랜만에 함께 영화도 보았다.

아빠는 그렇게 나와 7개월을 함께한 뒤 세상을 떠나셨다.

나는 여전히 제주에 머무르고 있다. 육지로 돌아갈 수도 있었지만, 그렇게 하지 않았다. 혼자가 되어버린 엄마를 두고 떠날 수 없었기 때문이다.

서른다섯 해를 함께한 이가 떠난 뒤, 엄마는 모든 것이 낯선 사람처럼 보였다. 아빠 밥은 늘 정성껏 챙기더니, 정작 혼자일 때는 뭘 먹어야 할지 모르겠다고 하셨다. 아빠와 나를 제외하면 만나던 사람도 거의 없었고, 농사짓는 법도 손에서 놓은 지 오래였다. 취미도, 일상도, 모두 사라진 듯했다.

생각해 보면, 엄마는 한 번도 혼자 살아본 적이 없었다. 그 시기가 육십을 넘긴 지금에서야 찾아온 것이다.

나이가 적건 많건, 누구나 인생에서 한 번쯤은 혼자가 되는 순간을 맞이하게 된다는 사실을, 나는 엄마의 그런 작고 조용한 뒷모습을 통해 깨달았다.

그때부터 나는 엄마에게 잔소리를 퍼붓기 시작했다.

"떡 같은 걸로 끼니 때우지 말고, 밥을 드세요."

"고기 싫으면 계란프라이라도 먹어야죠."

"까만 옷 말고 밝은색 옷 좀 입으세요."

"걷지만 말고, 나랑 요가라도 하러 가요."

호랑이 조교가 따로 없었다.

그렇게 엄마를 몰아세운 이유는, 나도 곧 좋은 사람과 분가를 앞두고 있었기 때문이다. 다행히 동반자의 배려로 가까운 곳에 집을 마련하게 되었지만, 앞으로 엄마는 홀로 삼시 세끼를 챙겨야 할 일이 많아질 것이다. 텅 빈 집에서 혼자 TV를 보다 잠드는 밤도 찾아올 것이다.

그런 날들이 오더라도, 엄마가 무너지지 않기를 바랐다.

그 바람은 조금씩 현실이 되어가고 있다.

합창단에 가입해 연보라색 드레스를 입고 공연도 하셨고, 책 낭독 모임에서는 '목소리가 참 좋다'는 이야기도 들었다고 했다. 요즘은 아침부터 책을 읽고, 동네 아주머니들과 맛집 탐방도 다니며, 요가를 배우고, 젊은 도반*들과 안부를 나누기도 한다.

물론 여전히, 아침부터 전을 부쳐 먹거나 백설기로 끼니를 때우고 소파에 쓰러져 주무시기도 한다. ("엄마, 내가 탄단지 지키랬지! 혈당 스파이크 조심하라고!") 그러나 분명한 것은, 엄마도 혼자에 익숙해지고 있다는 사실이다.

엄마는 잘 살아갈 것이다. 그렇게 믿는다.

---

* 같은 길을 가는 벗

"혼자 사는 얘기를 쓰더니, 이제 혼자가 아니네?"

그런 말을 들을 때면, 어쩐지 미안한 마음이 든다. 그러나 '혼자에 익숙해져야 한다'는 말은, 언제나 혼자여야 한다는 뜻은 아니었다. 낯선 세상 속에서도 혼자의 힘으로 오롯이 설 수 있는 어른이 되자는 다짐이었다.

기차 여행의 꿈으로 말하자면, 나는 기차에 올라 내 옆자리에 앉은 또 다른 여행자를 만난 것일 뿐이다.

나를 알아가는 이 긴 여정은 앞으로도 계속될 것이다. 이젠 동행인을 알아가는 일에도, 조금 더 많은 시간을 기꺼이 내어보려 한다.

오늘도 이 땅 어디선가 자기만의 여행을 하고 있을 우연한 여행자들을 응원한다.

엄마 걱정하지 마요, 나는 잘 살고 있으니까

유쾌하고 짠내 나는 혼삶러의 리얼 생존기

초판 발행 · 2025년 8월 25일

지은이 · 이주원

발행인 · 옥경석
펴낸곳 · 주식회사 에이콘온

주소 · 서울시 양천구 국회대로 287 (목동)
전화 · 02)2653-7600 | **팩스** · 02)2653-0433
홈페이지 · www.acornpub.co.kr | **독자문의** · www.acornpub.co.kr/contact/errata

부사장 · 황영주 | **편집장** · 임채성 | **책임편집** · 강승훈 | **편집** · 임지원, 임승경 | **디자인** · 윤서빈
마케팅 · 노선희 | **홍보** · 박혜경, 백경화 | **관리** · 최하늘, 김희지

에이콘온(ACON-ON) - 에이콘온은 'ON'이라는 단어처럼,
사람의 가능성에 불을 켜는 콘텐츠를 지향합니다.

인스타그램 · instagram.com/acorn_pub
페이스북 · facebook.com/acornpub
유튜브 · youtube.com/@acornpub_official

Copyright ⓒ 주식회사 에이콘온, 2025, Printed in Korea.
ISBN 979-11-94409-29-8
http://www.acornpub.co.kr/book/9791194409298

책값은 뒤표지에 있습니다.